鉄道まるわかり 008

# 名古屋鉄道
## のすべて 改訂版

JN096175

鉄道と道路の併用橋だった犬山橋は、2000年3月28日に並行して架設された「ツインブリッジ」へ道路が移行し、鉄道専用となった。2200系特急が豊橋へ向かって走る。

錦秋の尾西線を行く3100系。沿線の稲沢市祖父江町は日本有数の銀杏の産地で、秋は色づくイチョウが見事だ。

雪化粧を施した明智駅。広見線の末端区間は全線単線で、明智駅のみ上下列車の行き違いが可能。

瀬戸線唯一の車両基地、尾張旭検車支区の前で毎年実施される田んぼアートは、
乗客の目を楽しませている。2021年度のテーマは「祝！尾張旭市制50周年」。

# 名古屋鉄道の現役車両

2000系（2004年）

2200系（2004年）

1200系（1991年）

1800系（1991年）

9500系（2019年）・9100系（2021年）

3300系・3150系（2004年）

5000系（2008年）

名鉄には、大きく分けて特急用車両と通勤用車両の2種類が在籍する。特急
用は名古屋本線、犬山線、常滑線、空港線を中心に、支線区へも乗り入れ、
全車特別車、あるいは一部特別車の列車となる。通勤用は特急に併結される
車両から、急行、普通までさまざまな列車で用いられ、幹線からローカル線まで
走行路線は多い。ここでは特急形、通勤形の順で掲載する。（　）は営業初年。

3700系・3100系（1997年）

3500系（1993年）

6000系（1976年）

6500系（1984年）

6800系（1987年）

4000系（2008年）

300系（2002年）

100系（1978年）・200系（1994年）

# Contents

## 第1章　名古屋鉄道の企業がわかる

## 第2章　名古屋鉄道の路線がわかる

## 第3章　名古屋鉄道の駅がわかる

## 第4章　名古屋鉄道の車両がわかる

## 第5章　名古屋鉄道の歴史がわかる

## 第6章　名古屋鉄道の魅力がもっとわかる

※本書の内容は2022年12月1日現在のものです。
※本書の内容等について、名古屋鉄道およびグループ会社へのお問い合わせはご遠慮ください。

岐阜県

各務原線

高山本線

名電各務原

名鉄岐阜　田神
岐阜　加納　茶所　細畑　切通　手力　高田橋　新加納　新那加　各務原市役所前　市民公園前　六軒　三柿野　二十軒
岐南
笠松　木曽川堤
西笠松
柳津　黒田
竹鼻線　南宿
須賀　新木曽川
竹鼻　不破一色　玉ノ井　石刀
新羽島　羽島市役所前　奥町　開明　名古屋本線
岐阜羽島　江吉良　今伊勢

羽島線　犬山線

柏森
江南
布袋
石仏
岩倉
大山寺
徳重・名古屋芸大
西春

西一宮
名鉄一宮
二子　観音寺　妙興寺
尾西線　萩原　苅安賀　島氏永
玉野　国府宮
山崎
森上　奥田
上丸渕　大里
丸渕　上小田井
渕高　中小田井
六輪　新清洲　下小田井
勝幡　丸ノ内　須ケ口　西枇杷島
町方　藤浪　青塚　木田　七宝　甚目寺　新川橋　東枇杷島
津島　二ツ杁　栄生　東大
津島線
日比野　名鉄名古屋

佐屋　山王

五ノ三　金山

弥富

三重県

東海道本線
東海道新幹線
鵜舞線
名古屋
東山線
関西本線
近鉄名古屋線
あおなみ線
豊田本町
名港線

築港線
東名古屋港

樽見鉄道　大垣　養老鉄道

0　　　5km

名古屋鉄道路線図 MAP

**広見線**

美濃太田
日本ライン今渡
可児川
可児　新可児
明智　顔戸　御嵩
御嵩口
太多線
西可児
鵜沼宿
鵜沼
新鵜沼
犬山遊園
善師野
犬山
富岡前
犬山口
多治見

羽黒

楽田

田県神社前
味岡
小牧原
**小牧線**
小牧
小牧口
間内
牛山
春日井
味美
味鋺

愛知県

高蔵寺
中央本線

愛知環状鉄道

守山自衛隊前
瓢箪山
喜多山
印場
旭前
尾張旭
三郷
新瀬戸
水野
瀬戸市
尾張瀬戸
瀬戸市役所前

大森・金城学院前
小幡
矢田
**瀬戸線**

上飯田

曽根

森下

藤が丘

リニモ

東山線

名城線

桜通線

八事

鶴舞線

赤池

日進

米野木
**豊田線**
三好ケ丘
黒笹

浄水
上豊田

猿投
平戸橋
越戸
**三河線**
梅坪
豊田市

呼続

桜

本笠寺

本星崎

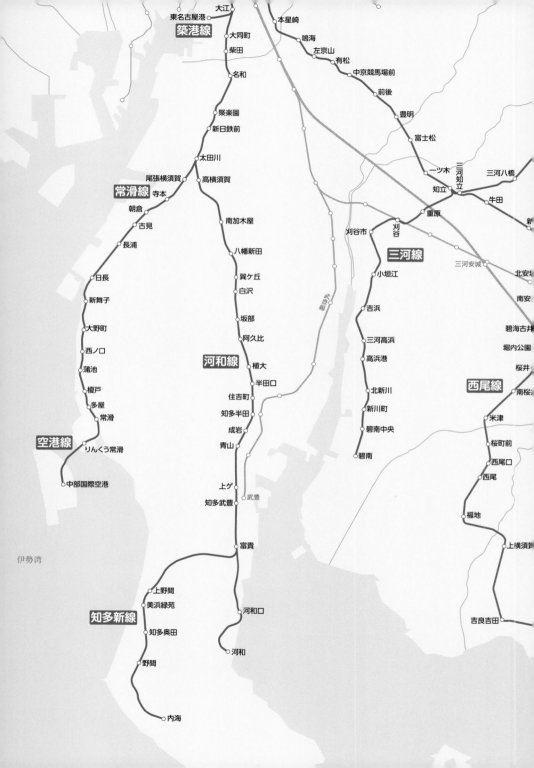

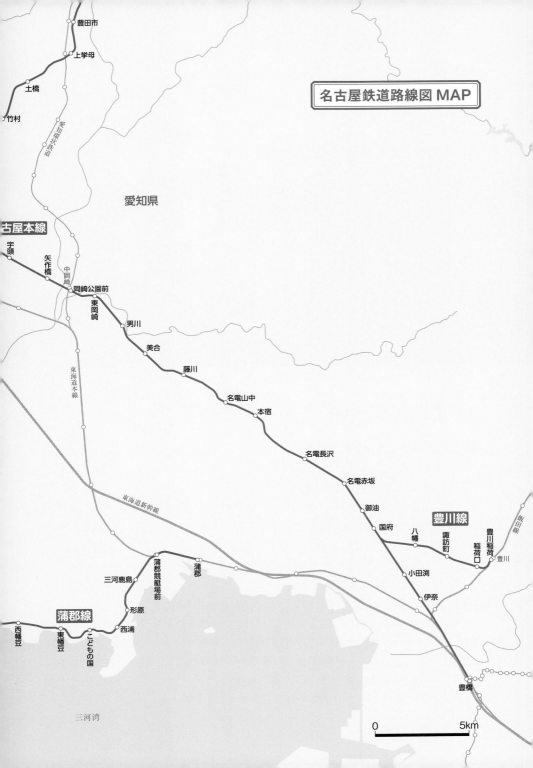

# 工業と農業が盛んな地を支える鉄道

　名鉄が主要な地盤とする愛知県は工業が盛んな土地柄だが、安城市はかつて「日本のデンマーク」と呼ばれるなど、農業も盛ん。第1次産業と第2次産業がほどよくミックスされた地区を、名鉄は路線に有している。

　そんな独特な風土において、周辺の中小私鉄を合併して名古屋鉄道が設立。中部圏に本社を構える唯一の大手私鉄として地域輸送を支えてきた。1960年代に7000系「パノラマカー」を投入したり、モノレールを開設したりと進取の精神に富む。2004年には中部国際空港の開港とともに鉄道アクセス輸送を一手に担い、アクセス用特急として「ミュースカイ」を投入した。

　名鉄グループの事業は、バスやタクシーなどの交通事業、トラックや海運などの運送事業、マンション分譲やオフィスビル賃貸などの不動産事業、ホテルや観光施設などのレジャー・サービス事業、百貨店や自動車販売・パーキングなどの流通事業、さらに航空・ヘリコプター、機内食の調製などの航空関連サービス事業まで多岐にわたり、中部圏を中心に首都圏や関西圏でも幅広く展開している。今後は名古屋駅周辺の再開発計画も控え、名鉄の動向からますます目が離せない。

# CHAPTER 1 第1章

# 名古屋鉄道の
# 企業がわかる

名古屋鉄道の事始めは、1894年に設立免許された愛知馬車鉄道である。以後、愛知県・岐阜県に勃興した私鉄を合併・吸収しながらエリアを拡げ、さらに鉄道以外の公共交通、不動産、流通、観光・サービス、文化事業など、幅広く事業を展開する名鉄グループを築き上げた。なお、名鉄グループは2022年3月末時点で連結子会社109社、持分法適用会社13社で形成される。

# 中部圏に確固たる地位を築き 創業129周年を迎えた名古屋鉄道

愛知・岐阜の両県にまたがり路線を延ばす名古屋鉄道は、名鉄グループの中核企業として、中部圏に大きな存在感を発揮している。路線距離は近畿日本鉄道・東武鉄道に次いで民鉄第3位で、幹線である名古屋本線を中心に、犬山線・常滑線・空港線などでは特急列車を運行している。

## 中部圏に根を張り、存在感を発揮する名古屋鉄道

　名古屋鉄道（以下、名鉄）は愛知県尾張・三河地方と、岐阜県美濃地方に路線を延ばす、中部圏を代表する大手私鉄である。名古屋本線豊橋～名鉄岐阜間を幹に、豊川線・西尾線・蒲郡線（がまごおり）・三河線・豊田線・常滑線（とこなめ）・空港線・尾西線（びさい）・犬山線などが枝分かれしている。これらは戦前に中小私鉄が合併して、現在の名鉄の路線網を築き上げたものだ。また、窯業の街、瀬戸へ延びる瀬戸線はほかの名鉄路線とはつながっていない独立線であるが、これも小私鉄をルーツとする。

　名鉄は鉄軌道と沿線開発を事業とし、英語では"Nagoya Railroad Co.,Ltd."と表記する。日本の鉄道事業者でRailroadを用いる鉄道事業者は珍しく、ほかには九州の西日本鉄道（Nishi-Nippon Railroad Co.,Ltd.）がある。

　2021年度の統計で総営業キロ数は、大手私鉄16社の中では近畿日本鉄道・東武鉄道に次いで第3位の444.2km、駅数は近鉄に次いで第2位の275駅、在籍車両数は第8位の1,074両を数える。一方、年間の輸送人員は10位の約3億1,480万人と、営業キロ数は長いが閑散線区が多いことがわかる。

名古屋本線を走る1200系「パノラマsuper」。豊橋側2両に特別車が連結されている。

2000系とほぼ同時に登場した2200系。2000系が全車特別車に対して、2200系は特別車と一般車を併結した。

2011年に3層構造の高架駅になった常滑線太田川駅。2階に常滑線上下線と河和線下り線、3階に河和線上り線が位置する。

## 都市間特急と空港アクセス特急を運行

　名鉄の列車種別は、ミュースカイ、快速特急、特急、快速急行、急行、準急、普通の7種別で、ミュースカイは全車特別車、快速特急と特急（一部を除く）は一部特別車、そのほかは全車一般車である。

　ミュースカイは中部国際空港アクセス専用特急車両で、名鉄岐阜〜中部国際空港間、新鵜沼・新可児〜中部国際空港間に設定されている。日中は名鉄名古屋〜中部国際空港間で運行。快速特急・特急は名古屋本線豊橋〜名鉄岐阜間を基本に、支線へも足を延ばす。快速特急は特急より停車駅を絞り、速達性を重視した列車だ。快速急行は朝ラッシュ時に設定されている。また、急行が途中駅から準急や普通に種別を変える列車もある。これは末端などの区間での乗車機会を増やす策でもある。瀬戸線は急行・準急・普通の3種別が設定されている。日中は普通のみで、朝夕時間帯に準急・急行が加わる。

　名鉄のネットワークは砂時計のような形をしている。すなわち名鉄名古屋駅を挟む神宮前〜東枇杷島間が狭く、豊橋側・岐阜側が広いのだ。このため、神宮前〜東枇杷島間に列車が集中し、名鉄最大のターミナルである名鉄名古屋駅の混雑具合および列車本数の多さはたいへんなものだ。これを効率よくさばく名鉄の手腕は素晴らしい。

### 用語解説

**Railroad**
［れいるろーど］

英語で鉄道、鉄道会社を意味し、同じ言葉にRailwayがある。長距離鉄道に関して、イギリスではRailway、アメリカではRailroad（都市内などの短距離鉄道はRailway）と使い分けている。日本の鉄道会社では英語表記に"Railway"を使用することが多く、国鉄は"Japan National Railways"だった。

# 持続的な成長を目指す 長期ビジョンと中期経営計画を策定

名鉄グループでは今後加速していく人口減少、少子高齢化時代においても持続的な成長を目指すため、2018年3月に名鉄グループ長期ビジョン「VISION2030」と長期経営戦略を定め、またこれらの長期戦略に基づく具体的な計画として、中期経営計画「Turn-Over 2023」を策定した。

## 地域から愛される「信頼のトップブランド」を目指す

名鉄は2005年12月に中長期的視野で名鉄グループの将来像や方向性を明示した「名鉄グループ経営ビジョン」を策定。グループの使命は「地域価値の向上に努め、永く社会に貢献する」とし、これを受けた経営理念、経営方針および行動規範により構成されている。

その後、人口減少や少子高齢化、さらには新技術による社会の構造変化が急速に進む中で、今後も中部地区においては、

①沿線エリアにおける人口動態の変化
②リニア中央新幹線開業による交流人口の拡大
③名鉄名古屋駅地区再開発の完成
④インバウンド需要の拡大
⑤先端技術の進展
⑥ライフスタイルの変化や多様性の進展

■長期経営戦略および
中期経営計画の位置付け

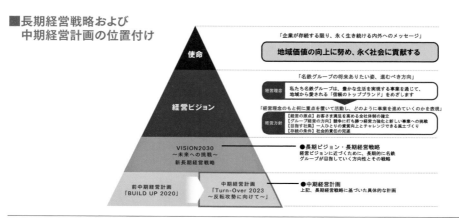

名古屋鉄道の企業がわかる

CHAPTER 1
CHAPTER 2
CHAPTER 3
CHAPTER 4
CHAPTER 5
CHAPTER 6

が予想され、名鉄グループに大きな影響を与えると見られている。

長期ビジョン「VISION2030」、中期経営計画「Turn-Over 2023」は激変する外部環境へ対応し、経営ビジョンに近づくために名鉄グループが目指していく長期的な方向性と戦略、それに基づいた具体的な計画と位置付けられている。

## 積極的な投資で事業基盤の拡大、収益力強化を図る

「VISION2030」では、「地域と共に生きる企業として、モビリティの提供やまちづくりを通じて、新たな魅力や価値を創造し続ける企業グループとなります」、そして「変化する社会のニーズを積極的に取込み、新たなライフスタイル・豊かな生活の実現をサポートすることにより、持続的な成長を図ります」としている。

長期経営戦略では、「日本一住みやすいまち、訪れたいエリアを創り上げ、定住人口と交流人口の拡大を図ります」、さらに「積極的な投資や新たなビジネス領域への果敢なチャレンジにより、収益力の向上を図ります」、「先端技術の活用などによる生産性の向上、イノベーションの創出に積極的に取組みます」としている。

2018〜2020年度を計画期間とする前中期経営計画「BUILD UP 2020」では、2018年度における各段階の利益が過去最高となったが、19年度終盤から新型コロナウイルス感染拡大による影響を強く受けたため、最終年度となる20年度は各段階で損失となった。このため新しい中期経営計画「Turn-Over 2023〜反転攻勢に向けて」を策定、新型コロナ感染拡大がもたらした事業環境の変化によって浮き彫りになった名鉄グループの経営課題を踏まえ、事業の構造改革にどのように取り組んでいくのか、コロナ後の次の成長につながる基盤をどのように構築していくのかという、事業構造改革の視点と経営基盤構築の視点で計画及び目標を定めて取り組むとする。

2021〜23年度に1,900億円を投資し、2023年度目標で350億円の営業利益を確保するとしている。

### ●投資計画（単位：億円）

| | Turn-Over 2023(2021〜23年度) | うち戦略投資 |
|---|---|---|
| 交通事業 | 660 | 80 |
| 運送事業 | 260 | 70 |
| 不動産事業 | 550 | 430 |
| レジャー・サービス事業 | 30 | 8 |
| 流通事業 | 20 | 2 |
| 航空関連サービス事業 | 170 | 6 |
| その他の事業 | 210 | 4 |
| 合計 | 1,900 | 600 |

※「統合報告書2021」より作成。

**用語解説　リニア中央新幹線**
［りにあちゅうおうしんかんせん］

JR東海が進めている超電導磁気浮上式リニアモーターカーにより建設される中央新幹線のことである。首都圏〜中部圏間を2027年に先行開業することを目標に工事が進められている。開業により品川〜名古屋間を最速約40分で結ぶ予定。

# 名古屋駅再開発事業の方向性は 2024年度を目処に判断

名鉄名古屋駅周辺の再開発が計画されていたが、2019年度終盤に襲った新型コロナウイルス感染症の流行により、計画自体が延期された。あれから約3年が経過し、名鉄は再開発事業の着手に向けたプロジェクトの推進を、成長基盤構築の重点テーマに掲げた。

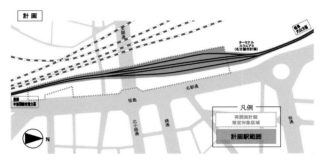

名鉄名古屋駅構内は、現ホームの南側を中心に拡張され、名鉄バスセンターは高速バスの集約化も可能とする機能・規模を確保する。提供／名古屋鉄道

## 前中期経営計画に記された名駅再開発計画

名鉄グループの前中期経営計画「BUILD UP 2020」では、「名鉄名古屋駅再開発の事業着手に向けた計画の推進」「名古屋都心部における積極的な不動産事業の展開」が重点テーマに掲げられた。2017年3月に発表された名鉄名古屋駅地区再開発の全体計画によると、笹島交差点をまたいで豊橋側の名鉄レジャック、日本生命笹島ビルから名鉄名古屋駅の上に立つ名鉄ビル・名鉄バスターミナルビルを含む約400mの長さに、高さ約160〜180m、地上30階程度、敷地面積約28,000㎡の国内では例のない巨大ビルを建設し、新設のビルには商業施設、バスターミナル、オフィス、ホテル、レジデンスなどの機能が入るとされていた。

また、名鉄名古屋駅ホームの改修も計画された。現在、名鉄名古屋駅は名鉄最大のターミナル駅でありながら、線路は上下各1線、ホームは相対式2面に、線路に挟まれた降車・特別車乗降専用の島式ホームで構成される、3面2線しかない。さらに種別・編成両数・行先がまちまちな列車が頻繁に出入りし、列車ごとに停車位置をずらすなどで誤乗を防いでいる。このため「名鉄名古屋駅はわかりにく

名古屋鉄道の企業がわかる

CHAPTER 1

CHAPTER 2

CHAPTER 3

CHAPTER 4

CHAPTER 5

CHAPTER 6

い」との声も聞かれた。

　この複雑な駅を、面的にも機能的にも拡張し、利便性の向上を図ろうというのが、前中期経営計画「BUILD UP 2020」に盛り込まれた。2019年3月25日発表された計画によると、ビルの新築にあわせて現在の駅を豊橋側に拡張し、名鉄名古屋駅の形状は決定していないが4線化の上で、複線から4線への分岐は太閤通を越えて南側になる。また、新ホームは現在のホームより豊橋側に位置することとなるとしていた。

## 事業の方向性は2024年度を目途に判断

　当初計画では2022年に着工し、リニア中央新幹線が開業する27年に竣工を予定していた。しかし、この計画も2019年度終盤から世界を襲った新型コロナウイルス感染症の流行で事業環境が激変したことで、2020年11月10日に規模の縮小も視野に、計画の全面見直しが発表された。

　中京圏における大規模な再開発計画がこのまま消えてしまうのかと懸念されていたところ、名鉄が2021年12月に発行した「統合報告書2021」では新型コロナ後の公共交通の需要変化を踏まえた交通施設整備計画を作成し、新たな事業環境を踏まえた再開発施設計画を作成、さらに再開発エリアの価値最大限に向けた取り組みの推進を行ったうえで計画スケジュールを見直し、方向性は2024年度を目途に判断すると記した。また、駅機能の整備については2030年ごろに完了させたい考えを示している。

名駅通りに面した名鉄名古屋駅の入口。この歩道には屋根が付き、連日多くの人が行き交う。

| 用語解説 | 島式ホーム [しましきほーむ] | 線路と線路に挟まれて配置されたホームを指す。1つのホームで上り下り両方に対応できるメリットがあるが、その際には誤乗が発生しかねないデメリットが生じる可能性がある。複線の外側に上り下りそれぞれ配置したホームは「相対式」と称する。 |
| --- | --- | --- |

## 公共交通から不動産・レジャーまで
## 沿線の生活と観光を支えるグループ会社

名古屋鉄道を中心とする名鉄グループは、交通事業、運送事業、不動産事業、レジャー・サービス事業、流通事業、航空関連サービス事業、その他の事業のセグメントからなり、地域の生活に密着した事業を営んでいる。

## ７つのセグメントからなる名鉄グループ

栄生駅に隣接する名鉄病院。名鉄関係者だけでなく一般の受診も可能で、地域医療に貢献する。

「名鉄」の冠が付けられた駐車場は、月極・時間貸しとも中部圏に多い。

　名鉄グループは中部圏を基盤とする、連結子会社109社、持分法適用会社13社、計122社で形成されている。内容は交通事業が鉄軌道・バス・タクシーなど、運送事業がトラック・海運など、不動産事業がマンション分譲・賃貸事業など、レジャー・サービス事業がホテル・旅行業など、流通事業が百貨店・自動車販売・パーキングなど、航空関連サービス事業が航空・ヘリコプター、機内食の調製などで、その他の事業として情報サービス、設備の保守・整備・工事などが挙げられる。

　骨格となる事業は交通事業で、豊橋鉄道・名鉄バス・岐阜乗合自動車（岐阜バス）などで構成される。2021年度のセグメント別業績の概要によると、グループの営業収益約4,909億円のうち交通事業によるものは約1,157億円で、全体の実に23.6％、営業損益は新型コロナウイルス感染症の流行により約4億960万円となった。

　運送事業はトラック輸送の名鉄運輸グループ、海運の太平洋フェリー・名鉄海上観光船、不動産事業では日本の三大都市でマンション分譲を手がける名鉄都市開発、商業施設のメルサ、流通事業は名鉄百貨店、駅店舗事業の名鉄生活創研などが名を連ねる。

# 他私鉄では見られないレジャー産業の中身

レジャー・サービス事業はホテル業の名鉄グランドホテル、名鉄イン、観光施設として奥飛観光開発（新穂高ロープウェイ）、旅行業の名鉄観光サービスなどがある。また、博物館明治村、日本モンキーパーク、野外民族博物館リトルワールドなど、文化施設がグループにあるのも名鉄グループの特徴である。

これらグループの力を通じて企業使命を全うし、名鉄グループは豊かな生活を実現する事業を通じて、地域から愛される「信頼のトップブランド」をめざしていく。

鳴海駅最寄りの名鉄自動車学校は、愛知電気鉄道が1927年に開設した鳴海球場跡地に設けられた。車庫はスタンドを利用している。

### ●連結決算の概要（2022年3月期）

| | |
|---|---|
| 営業収益 | 490,919百万円 |
| 営業利益 | 2,932百万円 |
| 経常利益 | 13,135百万円 |
| 親会社株主に帰属する当期純利益 | 9,370百万円 |

### ●セグメント別業績の概要（2022年3月期）

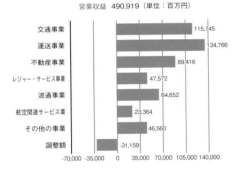

営業収益 490,919 （単位：百万円）

| セグメント | 金額 |
|---|---|
| 交通事業 | 115,745 |
| 運送事業 | 134,766 |
| 不動産事業 | 89,416 |
| レジャー・サービス事業 | 47,572 |
| 流通事業 | 64,652 |
| 航空関連サービス業 | 23,364 |
| その他の事業 | 46,560 |
| 調整額 | -31,159 |

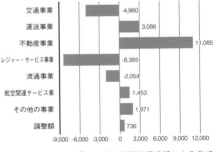

営業利益 2,932 （単位：百万円）

| セグメント | 金額 |
|---|---|
| 交通事業 | -4,960 |
| 運送事業 | 3,086 |
| 不動産事業 | 11,085 |
| レジャー・サービス事業 | -8,385 |
| 流通事業 | -2,054 |
| 航空関連サービス業 | 1,453 |
| その他の事業 | 1,971 |
| 調整額 | 736 |

※「2022年3月期決算実績」から作成。

---

**用語解説**

### 中部圏
［ちゅうぶけん］

首都圏・近畿圏に対応する日本の三大都市圏の一つで、富山県・石川県・福井県・長野県・岐阜県・静岡県・愛知県・三重県および滋賀県の区域を一体した広域を指し、1966年に議員立法として成立した中部圏開発整備法第2条に規定されている。面積は約6万km²。

# MEITETSU 05

## 愛知県と石川県に路線を延ばす 名鉄グループの鉄道会社

名鉄グループの鉄軌道部門は愛知県と石川県の事業者、計2社が加盟している。片や名鉄からの譲渡車が走り、もう1社は名鉄が支援を行った経緯がある。また、かつてはほかにも名鉄グループの鉄道事業者が存在した。

## 戦前に名鉄の傘下に入った豊橋鉄道

　豊橋鉄道は豊橋駅に隣接する新豊橋駅から渥美半島を縦断して三河田原駅まで延びる渥美線と、豊橋市内の路面電車、東田本線を経営する中小私鉄である。その歴史は1925年に豊橋電気軌道が市内線を開業したことに始まり、名岐鉄道と愛知電気鉄道が合併して発足した名古屋鉄道の傘下へ、1938年9月に入っている。

　このように戦前から名鉄との結びつきは強く、名鉄やその前身事業者から譲渡された車両を多く運用してきた。また、中部地区のICカード乗車券「manaca」にも加盟する。なお、渥美線は現在、全車が元・東急電鉄7200系を種車とする1800系に更新されている。

　渥美線はすべて普通列車で運行され、豊橋への通勤・通学利用も多い。終点の三河田原駅から渥美半島の先端、伊良湖岬方面へ豊鉄バスが連絡する。利用促進の一環として、平日の日中、土休日の終日は車内に自転車を持ち込むことができる「サイクルトレイン」を運行する。

　東田本線は「市電」とも呼ばれる路面電車で、1998年に豊橋駅前ペデストリアンデッキ下に乗り入れ、JR・名鉄・豊鉄渥美線との接続がよくなった。夏は「納涼ビール電車」、冬は「おでんしゃ」を運行し、市民に親しまれている。

名鉄で初めてカルダン駆動を採用した初代5000系を改良した
5200系は、後にグループ内の豊橋鉄道へ譲渡され、1997年まで
運用された。写真／児島眞雄

| ●名鉄から豊鉄へ譲渡された主な車両 | | |
|---|---|---|
| | 豊鉄の形式番号 | 名鉄の形式番号 |
| 渥美線 | 7300系 | 7300系 |
| | 1900系 | 5000系 |
| | 1800系（初代） | 愛電デハ3300形 |
| | 1750系 | 3700系 |
| | 1720系 | 3800系 |
| 東田本線 | モ3200形 | モ580形 |
| | モ780形 | モ780形 |
| | モ800形 | モ800形 |

豊橋鉄道は路面電車の東田本線（市内線）も運営する。ほとんどの車両が全面広告塗装、またはラッピング車。

石川県に２路線を運営する北陸鉄道。京王電鉄や東急電鉄からの譲渡車を運用する。

## 主力はバス事業の北陸鉄道

　戦前の陸運統制令により1943年に石川県内の主な鉄道事業者が合併して発足した北陸鉄道は、戦後の混乱や労使紛争により経営が不安定となり、1962年に名鉄の傘下に入った。なお、北陸鉄道は名鉄の連結対象会社ではない。

　かつては石川県中に鉄道網を拡げていた北陸鉄道だが、現在は石川線野町〜鶴来間、浅野川線北鉄金沢〜内灘間の２本のみ残り、経営の柱は路線バス・貸切バスになっている。

　名鉄からの車両の譲受は少なく、現在は石川線が7000系（元・東急7000系）、7700系（元・京王3000系）、浅野川線が8000系（元・京王3000系）、03系（元・東京メトロ03系）で営業運転を行っている。

　豊橋鉄道・北陸鉄道のほか、以前は福井鉄道、静岡県の大井川鐵道も名鉄グループの一員だった。福井鉄道は経営難から県や沿線自治体に支援を求め、2008年に筆頭株主であった名鉄が全株式を沿線支援団体に譲渡し、名鉄グループから離れた。なお、福鉄には770形（元・名鉄770形）、880形（元・名鉄880形）が現役で運行されている。蒸気機関車の動態保存で知られる大井川鐵道は、2015年に名鉄グループから離脱している。

用語解説　おでんしゃ

豊橋鉄道が冬期に東田本線で運行する企画列車の愛称。路面電車の車内で地元名産の練り物を使ったおでんと酒類を楽しむ列車で、ビールが飲み放題になるほか、飲料・おつまみの持ち込みも可能。毎回満員になり、豊橋の冬の風物詩にもなっている。

# MEITETSU 06

## 鉄道から二次交通を補完する 名鉄グループのバス・タクシー

名鉄グループでは、名鉄を中心とした鉄軌道事業で広範囲な移動を確保し、各駅からグループのバス・タクシーが待ち構え、二次交通を担っている。路線バスやコミュニティバスを運行し、またユニバーサルデザインによるタクシーを導入して、沿線地域の生活を支えている。

### 路線バスから高速バス、送迎バスまで

　名鉄グループで営業収益の約20.2%を占める交通事業。鉄軌道とともにバス・タクシーもこの中に含まれる。バス事業は従来からの路線バス・貸切バスに加え、都市間高速バス、コミュニティバス、さらに近年は企業・学校などの送迎バスも請け負っている。

　グループのバス事業者の中で最も大きいのは名鉄バスである。元は名古屋鉄道の直営だったが、2004年に分社化された。「名鉄バス」の呼称は分社化以前から使用されていた。愛知県全域と岐阜県の一部をエリアとする路線バスに加え、仙台・東京・松本・金沢・徳島・福岡などへの高速バス、空港アクセスバス、各種イベント輸送バス、ショッピングセンターへのシャトルバス等を運行する。名鉄観光バスは中部3県で貸切バスを運行する。

　知多乗合は知多半島をエリアとするバス事業者で、知立・刈谷～中部国際空港間のほか、中部国際空港貨物地区の循環線、地域のコミュニティバスを営業する。

　豊鉄バス・豊鉄観光バスは豊橋鉄道グループでもあり、豊橋周辺をエリアとする。田原市に本社を置く豊鉄ミデイは貸切バス、コミュニティバス、宿泊施設・企業などの送迎

津島駅前と名古屋駅を結ぶ名鉄バス。白地に赤い帯のカラーリングは1000系電車の以前のデザインに似ている。

名古屋鉄道の企業がわかる

CHAPTER 1
CHAPTER 2
CHAPTER 3
CHAPTER 4
CHAPTER 5

を受託する。

　岐阜県内には美濃地区をエリアとする岐阜乗合自動車（岐阜バス）、高山地区の濃飛乗合自動車（濃飛バス）、多治見市・中津川市など東濃地区の東濃鉄道・北恵那交通がある。東濃鉄道・北恵那交通はかつて鉄道も営業していた。

　宮城交通は、中部圏から遠く離れた東北地方でバス事業を営む変わり種といえよう。名鉄が宮城県の第三セクターに出資していたことから、宮城県および仙台財界からの要請により経営難に陥っていた宮城交通に資本参加し、1975年に名鉄の傘下に迎えたのだ。

### ●名鉄グループの路線バス事業者

| 会社名 | 主なエリア |
| --- | --- |
| 名鉄バス | 愛知県全域、岐阜県の一部 |
| 知多乗合 | 愛知県知多半島 |
| 豊鉄バス | 豊橋市・豊川市・田原市など |
| 岐阜乗合自動車 | 岐阜市を含む岐阜県中部 |
| 東濃鉄道 | 岐阜県東南部 |
| 北恵那交通 | 岐阜県東南部 |
| 濃飛乗合自動車 | 高山市・飛騨市 |
| 宮城交通 | 仙台市 |

## 中部3県および石川県で事業を営むタクシー事業者

犬山城側の犬山駅東口には名鉄タクシーの乗り場が整備されている。

近年、普及を始めたユニバーサルデザインのタクシーを、名鉄タクシーも採用している。

　名鉄グループのタクシー事業者は、名鉄沿線、名鉄グループのバスエリアを中心とする区域を有している。特徴的なのは名古屋鉄道が100％出資して持株会社「名鉄タクシーホールディングス」のもとで事業を営んでいることだ。ホールディングス傘下の事業者は名鉄交通第一／第二／第三／第四、愛電交通、名鉄名古屋タクシー、名鉄西部交通、名鉄四日市タクシー、石川交通など。

　ホールディングス傘下にはないが「豊鉄」の冠が付く事業者、東鉄タクシーのように「名鉄」の冠が付かないが名鉄グループの事業者がある。

---

### 用語解説

**持株会社**
［もちかぶがいしゃ］

他社の株式を保有するが投資目的ではなく、株を保有した会社の具体的な事業を行わず自社の管理下に置いて、実質的に支配することを目的に設立された会社。実態に応じた労働条件を確立できる、リスク回避が可能、社風が異なる会社を統制できるなどのメリットがある。

# 鉄軌道・陸上の事業だけではない
# 名鉄グループの海運と航空事業

名鉄グループは鉄道事業者の名古屋鉄道を中心とする企業グループで、陸上交通・輸送が大半を占めているが、フェリーと航空を扱う企業もグループに入っている。中でも航空に関しては古くから名鉄が関与しており、ほかの私鉄とはひと味違った面が見られる。

## 名古屋と北海道を結ぶフェリーを運航

　名鉄グループの太平洋フェリーは、名古屋～仙台～苫小牧の定期航路で、「いしかり」「きそ」「きたかみ」の3隻の大型フェリーを運航している。「いしかり」は総トン数15,762トン、「きそ」は同15,795トンで名古屋～仙台～苫小牧間を、「きたかみ」は同13,694トンで仙台～苫小牧間を結ぶ。このため、名古屋～仙台～苫小牧間の便は隔日、仙台～苫小牧間は毎日運行する。

　元は1970年に設立された太平洋沿海フェリーという会社で、名古屋～大分間も運行していた。2度のオイルショックで経営難に陥り、1982年に名鉄が全額出資した太平洋フェリーが引き継ぎ、太平洋沿海フェリーは解散、名鉄グループの100％子会社となった。

　個室が多く、洗練されたサービスと長旅を飽きさせないエンターテインメントを提供することなどから、船旅専門誌『クルーズ』の「クルーズ・シップ・オブ・ザ・イヤー2021」フェリー部門で、「いしかり」が第1位に選ばれた。これで太平洋フェリーの船は29年連続で「フェリー・オブ・ザ・イヤー」を受賞している。

　このほか三河湾の離島への航路を運営する名鉄海上観光船も、名鉄グループの会社である。水中翼船やホバークラフトも就航させていたが、現在はカーフェリー・高速船を保有する。

名古屋～苫小牧間1,330kmを結ぶ太平洋フェリーも名鉄グループ。写真の「きそ」は全長約200m、総トン数15,795tで、途中仙台に寄港して、約40時間で結ぶ。

名古屋鉄道の企業がわかる

CHAPTER 1
CHAPTER 2
CHAPTER 3
CHAPTER 4
CHAPTER 5
CHAPTER 6

航路は知多半島の先端の師崎から篠島・日間賀島を結ぶカーフェリーと高速船、知多半島の河和から日間賀島・篠島を経由して渥美半島の先端、伊良湖を結ぶ高速船がある。

## かつてはANAの筆頭株主でもあった名鉄

　航空関連サービスでは、小型飛行機・ヘリコプターで航空事業・調査測量事業を行う中日本航空、全国12カ所の常駐基地をベースにNHKの取材用ヘリコプターの運航・維持管理を担うオールニッポンヘリコプターがある。中日本航空は県営名古屋空港を拠点とし、ドクターヘリの運航ではパイオニアで、運航個所数では国内最多である。

　鉄道事業者の航空参入は、東急電鉄が日本エアシステム（2002年に日本航空と経営統合）の大株主だった例がある。名鉄は一時、全日本空輸（ANA）の筆頭株主で、現在も大株主である。中日本航空はかつて名古屋空港からのローカル航路を保有していた。しかし運輸省（現・国土交通省）のローカル航空会社整理の方針を受け、1965年に定期航路をANAに譲渡し、現在の運営形態となった。

　もともと名古屋圏にはゼロ戦を生んだ三菱重工業があり、現在も豊山町に三菱重工業名古屋航空宇宙システム製作所が立地する。その関係で国産初のジェット旅客機、三菱スペースジェットは名古屋空港を拠点に試験飛行を行った。また、各務原線三柿野駅前にある川崎重工業岐阜工場では、航空機や宇宙機器を生産している。名古屋圏は航空産業と縁が深いのである。

ドクターヘリや報道のヘリコプターを運航する中日本航空は、県営名古屋空港を拠点とする。写真提供／中日本航空

**用語解説　ドクターヘリ**
救急医療用の医療機器・医薬品などを搭載したヘリコプター。救急車と異なり、医師・看護師の医療スタッフが同乗して救急現場へ向かい、その場でけが人や急病人を治療して、病状に適した医療機関へ患者を搬送する。中日本航空は1984年に救急医療専用ヘリコプターの運航を始めた。

# MEITETSU 08

## シティホテルからビジネスホテルまで 名鉄グループの宿泊施設

鉄道事業者系のホテルは、沿線を中心に立地している施設が多い。名鉄グループもホテルを経営しており、名鉄名古屋駅に近い場所にシティホテルを、そして名鉄沿線と東京にビジネスホテルを展開している。

名鉄名古屋駅の駅ビルに入居する名鉄グランドホテル。名鉄線だけでなく、新幹線にも近く、ビジネス客の利用が多い。

## 名古屋を代表するシティホテルとして君臨

　「名鉄」を冠するホテルは名古屋鉄道の直営ではなく、グループ企業が経営している。名鉄グループ中期経営計画「Turn-Over 2023」の重点テーマである事業構造改革の一環として、ホテル事業の構造改革も掲げられた。名鉄グループにおけるホテル事業の戦略として、『今後のホテル事業を「地域価値向上の旗印」と位置付け、個性的で上質なサービスを提供するとともに、地域の魅力を発信・体感する拠点、地域に賑わいを創出する中心として地域の顔となることを目指す』としている。これに従い2021年6月に中間持株会社「名鉄ホテルホールディングス」を設立、事業会社7社を傘下に置いた。

　ホールディングス内のホテルは、名古屋バスターミナル内にある「名鉄グランドホテル」、中部国際空港旅客ターミナルビルに隣接した「中部国際空港セントレアホテル」、名古屋の副都心である金山に「ANAクラウンプラザホテルグランコート名古屋」、豊田線豊田市駅に直結する「名鉄トヨタホテル」、小牧線小牧駅

名鉄の新ブランド「ホテルミュッセ」の第1号店が2018年3月1日に、東京銀座7丁目にオープンした。

宿泊特化型の名鉄インは、愛知県に8店舗、東京都に2店舗を構えている。

に直結する「名鉄小牧ホテル」、名鉄が観光に力を入れて犬山には、犬山駅至近の「ホテルミュースタイル犬山エクスペリエンス」、国宝犬山城を眺められる「ホテルインディゴ犬山有楽苑」、岐阜には長良川沿いに「岐阜グランドホテル」が立地する。

## 東京にも進出しているビジネスホテル「名鉄イン」

　近年、ビジネスホテルの世界に鉄道の名を冠した施設が、大都市を中心に開業している。東京圏では京急や相鉄の名が付いたものがそれにあたり、朝食付きで比較的安価に利用でき、駅に近い場所に立地している。

　名鉄ホテルホールディングスでは、「名鉄イン」「ホテルミュッセ」の2ブランドを展開している。「名鉄イン」は愛知県内に8店舗、東京都と大阪府に各1店舗の計10店舗、「ホテルミュッセ」は東京都と京都府に各1店舗の計2店舗を運営する。愛知県内では名古屋駅周辺に3店舗、金山駅前に2店舗、名古屋の中心である栄、そして名鉄沿線の刈谷駅前と知多半田駅前に各1店舗を構える。

　いずれも立地のよさと「癒やし」「和み」が感じられるホテルで、鉄道系のブランドイメージが、利用者に安心感を与えているようだ。

---

**用語解説**　**犬山城** [いぬやまじょう]
室町時代の1537年に織田信長の叔父、織田信康が木曽川のほとりの小高い山の上に築城した。天守は望楼型、三層4階、地下2階、複合式で、現存する日本最古の様式。1952年に国宝に指定され、また2006年には日本城郭協会から「日本100名城」に選定された。

## 多くの不動産を抱え、マンション管理も行う名鉄グループの不動産事業・商業施設

民鉄の発展に沿線開発は欠かせない。宅地開発を行い、定住を促すことは、鉄道のさらなる発展につながるからだ。また、ターミナル駅に商業施設をつくることは、昼間時間帯の鉄道需要を掘り起こすことにつながる。名鉄は不動産事業、そして商業施設をどのように展開しているのだろうか。

## グループ力を活かし、マンションの分譲から管理まで提供

　名鉄グループの不動産事業は、マンション分譲などの「不動産分譲事業」、およびオフィスビルの賃貸などの「不動産賃貸事業」を名鉄都市開発が、マンション管理などの「不動産管理業」を子会社の名鉄コミュニティライフが担当する。つまり、快適な居住空間を提供するため、企画・管理までを同じグループ会社で一貫して提供しているのだ。

　名鉄都市開発は、2022年に名古屋鉄道の不動産事業を名鉄不動産が継承して設立。東京・名古屋・大阪においてマンションの分譲をはじめ、戸建住宅の開発・

知立駅前の高層マンション「エムズシティ 知立 ザ・タワー」は旧名鉄不動産が開発した。

販売、賃貸事業、不動産仲介事業などを営んでいる。分譲マンションは「メイツ」「エムズシティ」などのブランドで展開、近年はマンション共用部に独自性のあるコミュニティスペースを設置したり、タワータイプの高層マンションも手がける。戸建住宅は「エムズグランデ」「エムズフォレスト」のブランドで耐震・制震タイプ、長期優良住宅を提供する。

　賃貸事業では、アクセス性と快適性を兼ね備えた賃貸オフィスや住宅の提供のほか、ホテル開発を自社で行い、運営は名鉄グループの名鉄インが担当する。

　名鉄コミュニティライフは、マンション管理、賃貸管理、不動産仲介、リフォーム事業を通し、利用者の安心・安全な生活、満足度の高い便利で快適な生活を提案する企業だ。

このほか、㈱メルサが東京・名古屋などに6つのテナントビルを運営している（レジャックは2023年3月31日に営業終了）。

## 駅ビルに入居する百貨店から駅ナカ施設まで

名鉄グループでは名鉄名古屋駅に名鉄百貨店本店、名鉄一宮駅に名鉄百貨店一宮店がある。1936年に国鉄（現・JR）名古屋駅舎と駅前広場が建設され、残り約3万坪の土地に百貨店を設けようと、翌年、名鉄は当局に申請した。しかし戦争の激化で開業は1954年にずれた。

現在の本店は商業施設面積約5万5,000㎡、本館、メンズ館の2館体制を敷く。本館は地上10階、地下2階建て。メンズ館はもともと「メルサ」だったが、2006年にメンズ館に変更された。地上18階、地下1階の名鉄バスターミナルビル内にあり、このビルには名鉄本社、名鉄グランドホテルも入居する。また、本店の前には「ナナちゃん人形」があり、名古屋駅の待ち合わせ場所として有名だ。

名鉄名古屋駅前のシンボル「ナナちゃん人形」。待ち合わせ場所として利用する人も多い。

一宮店は名鉄一宮駅に隣接して、商業施設面積は約1万7,700㎡である。

金沢市の百貨店「めいてつ・エムザ」は名鉄グループの金沢名鉄丸越百貨店が運営していたが、新型コロナウイルス感染症の影響などで2021年3月に全株式を㈱ヒーローに譲渡し、名鉄グループを離脱、社名を「金沢丸越百貨店」とし、「めいてつ・エムザ」も「金沢エムザ」に変更された。

名鉄一宮駅ビルには名鉄百貨店一宮店が入居し、すぐ北側にはバスターミナルが併設されている。

駅構内の店舗は名鉄生活創研が担当し、「ファミリーマート」のブランドでコンビニエンスストア、「成城石井」のブランド名でスーパーマーケットなどを展開する。

---

### 用語解説　ナナちゃん人形
［ななちゃんにんぎょう］

名鉄百貨店のイメージキャラクターを務める巨大なマネキン。身長6.10m、体重600kgのFRP硬質塩ビ樹脂製。名鉄百貨店セブン館（現・ヤマダ電機LABI名古屋）開館1周年記念として1973年に作られた。名前はセブンをもじって「ナナちゃん」に決定。季節やイベントごとに衣装が替わるのも特徴のひとつだ。

# MEITETSU 10

## 沿線で豊富に展開する
## 名鉄グループのレジャー産業

名鉄は文化事業にも力を入れており、犬山には博物館明治村、野外民族博物館リトルワールド、日本モンキーパークがある。このほか、主要駅近郊にカルチャースクール、スイミングスクールを設け、沿線価値の向上に寄与している。

## 犬山周辺に集中する文化施設

　犬山市は国宝犬山城とその城下町、そして木曽川が流れる自然豊かな街で、近年、名鉄は鉄道で手軽に行ける観光地として誘客に力を注いでいる。ここに博物館明治村、野外民族博物館リトルワールド、日本モンキーパークが立地する。

　博物館明治村は明治期の貴重な建物や乗り物を展示保存する野外博物館。リトルワールドは、世界各国から収集した民俗資料約6,000点を常設展示するほか、23カ国32棟の家屋が移設・展示されている。さらに各国料理の食べ歩きや民族衣装の試着体験が楽しめる。

　日本モンキーパークは遊園地だ。サルにちなむ名前が付いているのは、近隣にサル類専門の動物園、日本モンキーセンターがあり、かつては入園料が共通で、往来が自由だったため（2014年に分離）。モンキーセンターは京都大学霊長類研究所が隣接し、公益財団法人日本モンキーセンターが運営する。

　2008年まで犬山線犬山遊園駅からモンキーパーク・モノレール線が、動物園駅まで運行されていた。これは小田急電鉄向ヶ丘遊園モノレール線とともに、大手私鉄が運営するレアなモノレールで、跨座式モノレールとしては日本で最初の

2008年12月28日限りで廃止されたモンキーパークモノレール線。車体にかわいい動物の絵が描かれていた。

世界の各国から民俗資料を収集・展示する野外民族博物館リトルワールド。写真はイタリア・アルベロベッロ郊外の農家。

名古屋鉄道の企業がわかる

CHAPTER 1

CHAPTER 2

CHAPTER 3

CHAPTER 4

CHAPTER 5

CHAPTER 6

ものだった。

　博物館 明治村、リトルワールド、日本モンキーパークは、南知多ビーチランドとともに名鉄インプレスへ経営権が移されている。

## サービスエリアに名鉄グループのレストランも

　名古屋市近郊で、夏期には海水浴客でにぎわう知多新線沿線には、南知多ビーチランド＆南知多おもちゃ王国がある。イルカとアシカのパフォーマンスが見られる水族館・遊園地と、9つのパビリオンで、ブロック遊びや着せ替え人形などが楽しめるおもちゃのテーマパークが隣り合う。

　名鉄カルチャースクール、名鉄スイミングスクールを経営する名鉄インプレス、ゴルフ場の犬山カンツリー倶楽部、奥飛騨の平湯温泉バスターミナルに併設されている「アルプス街道平湯」を経営する濃飛乗合自動車、中央自動車道駒ヶ根サービスエリア（SA）下りの「レストランこまがね」を経営する中央アルプス観光、高速道路SAのレストランやドライブインを運営する名鉄レストランが名鉄グループに入る。

　知多新線美浜緑苑駅を最寄りに、7000系パノラマカーのスカーレットなど車両の色を手がけ、名鉄と縁が深かった日本を代表する洋画家のひとり、杉本健吉画伯の作品を収蔵した杉本美術館は、2021年10月31日をもって閉館した。

南知多ビーチランドではイルカとアシカのパフォーマンスが間近に見られ、アザラシやアシカなどさまざまな海の生物とのふれあいが人気。

奥飛騨温泉郷に位置し、上高地・新穂高・高山方面の路線バスや、新宿・松本・富山方面への高速バスのターミナルも併設するドライブイン「アルプス街道 平湯」。

用語解説　杉本健吉 ［すぎもとけんきち］

1905年、名古屋市生まれ。1925年に岸田劉生門下に入る。戦前からグラフィックデザイナーとして鉄道会社のポスターや商業デザインを手がける。1946年に日展特選。戦後は吉川英治著『新・平家物語』『私本太平記』などの挿絵で人気を博した。2004年死去。

# 国内外の観光をプロデュースする 名鉄グループの観光サービス

名鉄は沿線の犬山や知多半島、三河地区に観光資源を抱え、さらに中央アルプス、奥飛騨でも観光サービス事業を展開している。また、国内外のツアー商品を取りそろえた旅行会社では、主要駅構内に店舗を構えるだけでなく、インターネット販売も行っている。

日本唯一の2階建てのゴンドラが運行される新穂高ロープウェイ。車内から日本の美しい四季を体感できる。

## 絶景をほしいままにするロープウェイ

　ロープウェイ（索道）は鉄道事業法に準拠する交通機関であるが、名鉄グループ3社のロープウェイは観光施設に位置付けられている。

　奥飛観光開発㈱が運営する新穂高ロープウェイは、岐阜県高山市の新穂高温泉から標高2,156mに位置する北アルプス西穂高岳中腹の頂の森を、新穂高温泉〜鍋平高原間の第1ロープウェイと、しらかば平〜西穂高口間の第2ロープウェイで結ぶ。第2ロープウェイは日本唯一の2階建てゴンドラで、西穂高口駅の屋上は展望台になっており、天気がよい日は『ミシュラン・グリーンガイド・ジャポン』に2つ星として掲載された北アルプスの大パノ

### ●名鉄グループのロープウェイの概要

| | 新穂高ロープウェイ | | 駒ヶ岳ロープウェイ | 金華山ロープウェイ |
|---|---|---|---|---|
| | 第1ロープウェイ | 第2ロープウェイ | | |
| 全長 | 573m | 2,598m | 2,333.5m | 599m |
| 高低差 | 188m | 845m | 950m（日本最高） | 255m |
| ゴンドラの定員 | 45人 | 121人 | 61人 | 46人 |
| 所要時間 | 4分 | 7分 | 7分30秒 | 3分 |

名古屋鉄道の企業がわかる

CHAPTER 1
CHAPTER 2
CHAPTER 3
CHAPTER 4
CHAPTER 5
CHAPTER 6

ラマが展開する。1970年に開通、2021年には累計乗車人員数が1,800万人に達した。

中央アルプス観光㈱が運営する駒ヶ岳ロープウェイは、中央アルプスの宝剣岳直下に広がる「千畳敷カール」に架かるロープウェイで、しらび平～千畳敷間を結ぶ。日本一の高低差950mを誇り、標高2,612mの千畳敷駅は索道を含む鉄道において日本で最高所に位置する。1967年に開通し、2015年に総乗車人員が1,100万人に達した。

長良川にほど近い岐阜公園と、標高329mの金華山を結ぶ金華山ロープウェイは、岐阜観光索道㈱が運営する。金華山には岐阜城が立っており、天守見学での利用も多い。ロープウェイの傾斜角は全国有数で、ゴンドラから見る長良川や岐阜市内の景色も素晴らしい。

## 国内約100カ所の支店と海外拠点を展開する

名鉄観光サービスは名鉄グループの旅行会社で、山形県・栃木県・山梨県・福井県・鳥取県を除く全国に店舗を構えている。国内旅行「マーチ」や海外旅行「パノラマツアー」を企画・実施。旅行商品は店頭だけでなく、インターネット上でも販売され、インターネットでは5万コース以上を用意している。

旅行商品だけでなく、国内・海外の各種団体旅行・個人旅行も取り扱うほか、世界各国から訪日旅行客（インバウンド）の手配も行っている。このほか名鉄グループには、豊橋鉄道の傘下にある豊鉄観光バスなどがある。

国内旅客支店87カ所、海外事務所1カ所を擁する名鉄観光サービス。
名鉄の主要駅には旅客支店が併設されている。

---

**用語解説　インバウンド**

外国人が訪れてくる旅行を意味し、日本へのインバウンドは訪日外国人旅行、または訪日旅行という。21世紀に政府は観光立国を国の重要な施策に位置付け、2007年に観光立国推進基本法が施行され、翌年には観光庁が設置された。インバウンドの対義語はアウトバウンド、海外旅行である。

## さらなる環境負荷軽減に努める 名鉄グループの環境施策

2005年に京都議定書が発効し、地球温暖化防止への取り組みが世界的規模で進められている。名鉄グループは経営方針のひとつである社会的責任の完遂のため、2006年に環境方針「名鉄グループ エコ・ビジョン」を策定、さまざまな環境活動を積極的に進めている。

### 環境問題を地球規模で考え、地域・個人レベルで行動

　鉄道やバスなどの公共交通機関は大量輸送手段としてエネルギー効率がよく、環境にやさしいと言われている。名鉄は鉄道・バスを中心に事業を展開する中で、負荷低減に努めるべく1998年に環境方針「名鉄エコ・ビジョン」を策定した。これをグループ全体に展開・推進したものが「名鉄グループ エコ・ビジョン」である。基本理念は「環境問題を地球規模で考え、地域・個人レベルで行動し、環境にやさしい企業をめざします」としている。そして、グループ一体となった環境活動を推進するため「名鉄グループ アクション・エコ推進委員会」が設置され、定期的に具体的な環境施策の方針決定がなされている。これを環境活動連絡会議やグループ各社に配置した環境推進責任者・担当者を通じ、環境活動の浸透と推進を図っている。

　さらに名鉄ではグループエコ・ビジョンに基づく行動指針として、2007年に「名鉄エコ・プラン」を策定した。キャッチフレーズは「電車で、ECO MOVE。」で、地域住民に公共交通の利用を呼びかけている。

2019年度から9500系が順次投入され、より省エネ性能の高い新型車両への置き換えが進められている。写真/澁谷芳樹

### 名鉄グループ エコ・ビジョン

| | |
|---|---|
| 基本理念 | 名鉄グループは、環境問題を地球規模で考え、地域・個人レベルで行動し、環境にやさしい企業をめざします |
| 基本方針 | 環境問題に対する一人ひとりの意識向上につとめます |
| | 環境保全に関する技術力の向上と提供につとめます |
| | 地域との連携を大切にし、環境保全に対する社会貢献につとめます |
| | 環境法令の正しい理解と遵守につとめます |

### 名鉄エコ・プラン

| | |
|---|---|
| 行動指針 | 環境負荷の軽減 |
| | 利便性の向上 |
| | 地域環境貢献 |
| | 環境法令の遵守 |

◀名鉄協商の電動自転車のシェアサイクルサービス「カリテコバイク」。名古屋駅および栄エリアを中心に154カ所のポート、410台の電動自転車を展開している。▲名鉄運輸グループが導入した電気小型トラック「eCanter」は環境負荷低減、ドライバーの疲労軽減に寄与している。

## 具体的な環境対策とは

　名鉄が実施している主な環境対策は次のものである。VVVFインバータ制御車の導入と車両の軽量化により、電車の消費電力を低減化、使用済み乗車券をトイレットペーパー、駅のベンチなどへ再利用、使用済み蛍光灯の再資源化、雨水の雑用水への活用、浄化槽処理水の再利用などである。また、舞木検車場は国際的に標準化された環境マネジメントシステムである「ISO 14001」認証を取得した。

　グループ内では、名鉄バスが2004年から$CO_2$排出量低減や燃費が向上するだけでなく、騒音や排気ガスの抑制を図るハイブリッドバスを導入している。また、名鉄運輸グループでは電気小型トラックの新型「eCanter」を導入した。名鉄協商ではカーシェアリング・サービス「カリテコ」を、さらに2019年5月からはシェアサイクルサービス「カリテコバイク」の展開を開始した。

　豊橋鉄道では環境と人にやさしい全面低床電車LRVを導入し、さらにヒートアイランド現象の緩和と都市景観向上を図るため、軌道に芝を植える作業を実施した。

　名鉄都市開発では、壁面や屋上を緑化し、太陽光を利用した採光システムを採用した環境配慮型マンションを販売した。

用語解説 **カーシェアリング** 会員間でクルマを共有して使うことで、社会全体のクルマの数を減らし、省エネルギーや$CO_2$削減につなげて、環境にやさしい社会をつくろうとするもの。一般にはレンタカーより短時間の利用を想定しており、利用者にはレンタカーより安価になるよう設定されている。

# 名鉄の社是、社章、シンボルマーク

## 創立100周年に先立ちシンボルマークを制定

名鉄の社章はシンボルマークに取って代わられ、今ではほとんど見かけなくなかったが、100系・200系の前面飾り帯に記されている。

名鉄の社是は、1971年の創業77周年を記念して「創造」「実践」「総親和」と制定された。これは鉄道・バス事業にのみ依存するのではなく、経営の多角化、事業の広域化を目指し、魅力あふれる新事業を開拓・育成し、総親和の伝統をもとに、社員一人ひとりが常に創造の念をもって創意工夫を凝らし、活用していかなければならないことを訓示している。

近年は1994年に創立100周年を迎えるに先立ち、1992年にCI（コーポレート・アイデンティティ）を導入して制定したシンボルマークが前面に出され、現在、社章は100系運転台窓の飾りに見られる程度に減少している。

シンボルマークは「MEITETSU」の文字をモチーフに作成された。「M」の形は名鉄が地域とともに成長する姿、大きく羽ばたく姿を表現したもので「MEITETSUウイング」と呼ぶ。カラーは人と地球にやさしい緑色の「MEITETSU Green」と、知的で信頼性を表す青色の「MEITETSU Blue」とした。さらにシンボルマークの下には赤を加えた3色のアロー（スピードアロー）を使用した。

社章（上）とシンボルマーク（下）入りの駅名標。コーポレートアイデンティティを導入したことで、「MEITETSUウイング」のシンボルマークがかなり普及している。

# CHAPTER 2 第2章

## 名古屋鉄道の
# 路線がわかる

名古屋鉄道は、豊橋〜名鉄名古屋〜名鉄岐阜間の名古屋本線を幹に、支線が各方面へ延びている。路線は多く、名鉄名古屋駅の南東側は常滑線・空港線のほか、豊川線・西尾線・蒲郡線・三河線・築港線・豊田線・河和線・知多新線、北西側へは津島線・尾西線・犬山線・各務原線・広見線・小牧線・竹鼻線・羽島線に、そして独立路線の瀬戸線に分かれている。

MEITETSU **13**

# 旧東海道に並行する高規格路線
# 名古屋本線①・豊橋～名鉄名古屋間

名古屋本線の東部区間は、愛知電気鉄道を起源とする路線である。江戸時代の東海道に沿って敷設され、沿線の期待に応えながら発展した。西部区間とは別々に成立したが、運営会社は戦前に合併、戦時中に東西を結ぶ路線ができ、戦後まもなく東西直通が実現した。

## さまざまな地形が織りなすルート

　名古屋本線は名鉄の基幹路線で、豊橋～名鉄岐阜間99.8kmを結ぶ。この路線はJR東海道本線豊橋～岐阜間に並行し、名古屋市を中心とする通勤通学および行楽の足となっている。列車は名古屋を通り抜けるのに対し、乗客の多くは市内の3駅（神宮前・金山・名鉄名古屋）で入れ替わる。そのため、利用の実態からは、豊橋～名古屋間と名古屋～岐阜間の2路線が合体した形になっている。

　豊橋～名古屋間の線路は東三河平野・三河山地・西三河平野・尾張丘陵を順にたどり、名古屋市内で濃尾平野に達する。地形は変化に富むが、線形はおおむね良好で、優等列車のスピードは速い。豊橋～名古屋間には快速特急・特急・急行が毎時2往復運転され、時間帯によっては豊川線直通の急行・準急が加わる。快速特急と特急は一般車4両と特別車2両の併結編成で、朝と夜には一般車2両が岐阜方に増結される。

復元された岡崎城をバックに走る、今はなき5700系。座席は転換クロスシートで前面展望がよい「セミパノラマカー」だった。

　豊橋駅から平井信号場までは、名古屋

■ **名古屋本線　豊橋～名鉄名古屋間**

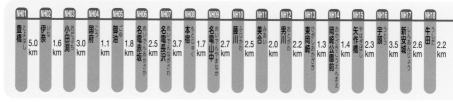

| NH01 | NH02 | NH03 | NH04 | NH05 | NH06 | NH07 | NH08 | NH09 | NH10 | NH11 | NH12 | NH13 | NH14 | NH15 | NH16 | NH17 | NH18 |
|---|---|---|---|---|---|---|---|---|---|---|---|---|---|---|---|---|---|
| 豊橋 | 伊奈 | 小田渕 | 国府 | 御油 | 名電赤坂 | 名電長沢 | 本宿 | 名電山中 | 藤川 | 美合 | 男川 | 東岡崎 | 岡崎公園前 | 矢作橋 | 宇頭 | 新安城 | 牛田 |
|  | 5.0 km | 1.6 km | 3.0 km | 1.1 km | 1.8 km | 2.5 km | 2.5 km | 1.7 km | 2.7 km | 2.0 km | 2.0 km | 2.2 km | 1.3 km | 1.4 km | 2.3 km | 3.5 km | 2.6 km | 2.2 km |

本線とJR飯田線の共用区間である。名鉄とJR東海が1線ずつ保有し、両社とも複線で使用する。東岡崎駅は「東」の付かないJR東海道本線岡崎駅よりも市の中心に近く、岡崎市の真の玄関駅となっている。金山駅は名古屋の都心・栄への南の玄関で、神宮前〜金山間は、常滑線から合流する線路との方向別複々線になっている。

名鉄車両の定期検査を担当する舞木検査場の前を走る3100系＋3500系。名古屋本線は6両編成の運用が多い。

## 愛知電鉄が東海道沿いに敷設

　名古屋本線東部区間の起源は、1917年開通の愛知電気鉄道有松線（神宮前〜有松裏間）にある。愛知県内の東海道本線（1889年全通）は江戸時代の東海道をたどっておらず、愛電がその役目を引き受けたのだった。線路は東へ延ばされ、1927年に豊橋に到達、神宮前と吉田（現・豊橋）駅を結ぶ豊橋線となった。

　愛電は1935年に名岐鉄道と合併、今日の名古屋鉄道が誕生する。これにより、豊橋〜神宮前間は同社の東部線、名岐の本線だった押切町（すでに廃止）〜新岐阜（現・名鉄岐阜）間は西部線となった。西部線は1941年に新名古屋（現・名鉄名古屋）駅に乗り入れ、戦時中の1944年に東西連絡線（神宮前〜新名古屋間）が開通。ただし、東部線の架線電圧は1500V、西部線は600Vで、この時点では金山駅での乗り換えを要した。電圧の統一（1500V化）による悲願の東西直通は1948年に実現、豊橋〜新岐阜間は路線名を変え、名古屋本線と呼ばれるようになった。

　名古屋本線の集客力は、並行する国鉄東海道本線を常に上回っていた。だが、1987年発足のJR体制のもと、JR東海が東海道本線の改善に乗り出し、輸送シェアの歴史的な再編に成功した。名鉄とJRは一時期激しい競争を演じたが、現在は落ち着いた形になっている。

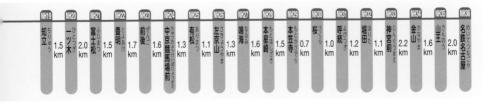

| NH19 | NH20 | NH21 | NH22 | NH23 | NH24 | NH25 | NH26 | NH27 | NH28 | NH29 | NH30 | NH31 | NH32 | NH33 | NH34 | NH35 | NH36 |
|---|---|---|---|---|---|---|---|---|---|---|---|---|---|---|---|---|---|
| 知立 | 一ツ木 | 富士松 | 豊明 | 前後 | 中京競馬場前 | 有松 | 左京山 | 鳴海 | 本星崎 | 本笠寺 | 桜 | 呼続 | 堀田 | 神宮前 | 金山 | 山王 | 名鉄名古屋 |
| 1.5 km | 1.5 km | 2.0 km | 1.5 km | 1.7 km | 1.6 km | 1.3 km | 1.1 km | 1.3 km | 1.6 km | 1.5 km | 0.7 km | 1.0 km | 1.2 km | 1.1 km | 2.2 km | 1.6 km | 2.0 km |

# MEITETSU 14

## ３社の路線が合併して１本に
## 名古屋本線②・名鉄名古屋～名鉄岐阜間

名古屋本線の西部区間は、名古屋電気鉄道（名電）を起源とする路線である。名電・尾西鉄道・美濃電の路線が名電系の後継会社によってまとめられ、名古屋～岐阜間のルートができた。古くからの集落・街道に寄り添う路線で、地域密着の輸送サービスを担う。

### 優等列車が小駅に停車、特急は中部国際空港へ直通

名古屋本線の名古屋～岐阜間は、JR東海道本線に肉薄している。だが、JRの名古屋～岐阜間が直線主体であるのに対し、名鉄のルートは名鉄名古屋～名鉄一宮間、名鉄一宮～名鉄岐阜間とも西側へふくらむ。東海道本線は初めから直結指向だったのに対し、名古屋本線は名古屋・一宮・岐阜のそれぞれの地域の近距離路線が、あとで合体して一本になったからである。こう

JR東海道本線・高山本線の高架橋をくぐり、名鉄岐阜駅に到着する6500系普通。

した事情を裏付けるように、沿線の中小都市の中心部は、すべて名鉄の側に位置している。また、名鉄名古屋～西枇杷島間と茶所～名鉄岐阜間には、カーブの多い線形が改良できずに残されている。

名鉄名古屋～名鉄岐阜間には快速特急・特急が合わせて毎時４往復、急行が毎時２往復運転され、名鉄名古屋～名鉄一宮間には朝夕と休日に急行が増発される。従来の急行はすべて名岐間を直通、毎時４往復の運転だったが、利用状況を踏ま

**■名古屋本線　名鉄名古屋～名鉄岐阜間**

| NH36 名鉄名古屋 | NH37 栄生 | NH38 東枇杷島 | NH39 西枇杷島 | NH40 二ツ杁 | NH41 新川橋 | NH42 須ケ口 | NH43 丸ノ内 | NH44 新清洲 | NH45 大里 | NH46 奥田 | NH47 国府宮 | |
|---|---|---|---|---|---|---|---|---|---|---|---|---|
| | 1.9 km | 0.8 km | 0.9 km | 0.6 km | 0.6 km | 0.7 km | 0.8 km | 0.9 km | 2.3 km | 1.3 km | 2.1 km | 2.0 km |

えてこのようになった。その代わり、かつて一宮～岐阜間を無停車としていた快速特急・特急が、今は急行と同じ駅に停車している。なお、名岐間の特急は毎時2往復が常滑線に入り、中部国際空港駅へ直通している。

名鉄名古屋駅は地下トンネルの駅、名鉄一宮駅は高架駅である。名鉄岐阜駅はJR岐阜駅よりも都心に近く、商業施設とのアクセスもよい。ただし、駅の手前に単線区間があり、輸送上のネックになっている。

## 名電・尾西・美濃電の路線が名岐で統一

名古屋本線西部区間の起源は、1914年開業の名古屋電気鉄道津島線（須ケ口～枇杷島橋間）にある。同じ年には美濃電気軌道笠松線が広江（現・加納駅付近）～笠松間で開通した。

旧名古屋鉄道は1925年に尾西鉄道を併合、同社から新一宮（現・名鉄一宮）～国府宮間を譲り受けた。1930年には旧名古屋鉄道と美濃電が合併し、新岐阜（現・名鉄岐阜）～笠松間が新会社・名岐鉄道の路線となった。名岐鉄道は1935年に新一宮～新笠松間を結び、名古屋～岐阜間の直通ルート（押切町～新岐阜間）を完成させている。

名岐鉄道は同年に愛知電鉄と合併し、現在の名古屋鉄道が発足する。名岐ルートは名鉄西部線となり、1941年に新名古屋（現・名鉄名古屋）駅に乗り入れた。1948年には豊橋～新岐阜間の直通化が実現、東西のルートを合わせて名古屋本線となった。

2005年に再登場した快速特急は特急停車駅のうち国府駅と新安城駅を通過する。従来は通過列車も「特急」と称していたが、誤乗防止のため種別が分けられた。

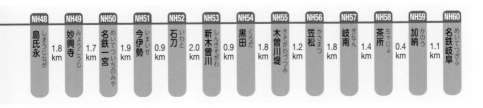

| NH48 | | NH49 | | NH50 | | NH51 | | NH52 | | NH53 | | NH54 | | NH55 | | NH56 | | NH57 | | NH58 | | NH59 | | NH60 |
|---|---|---|---|---|---|---|---|---|---|---|---|---|---|---|---|---|---|---|---|---|---|---|
| 島氏永 | 1.8km | 妙興寺 | 1.7km | 名鉄一宮 | 1.9km | 今伊勢 | 0.9km | 石刀 | 2.0km | 新木曽川 | 0.9km | 黒田 | 1.8km | 木曽川堤 | 1.2km | 笠松 | 1.8km | 岐南 | 1.4km | 茶所 | 0.4km | 加納 | 1.1km | 名鉄岐阜 |

# MEITETSU 15

## 豊川線・国府～豊川稲荷間
## 築港線・大江～東名古屋港間

豊川線は豊川市内の短い路線で、豊川稲荷への参詣に便利。名古屋～豊川間はJRの路線でも結ばれているが、名鉄名古屋本線～豊川線のルートのほうがはるかに短く、運賃も安い。築港線は常滑線の短い支線で、通勤輸送に特化、列車に乗れるのは朝夕だけである。

## 名古屋本線からの直通列車も多い豊川線

豊川線は、国府駅と豊川稲荷駅を結ぶ7.2kmの路線である。名古屋本線とともに岡崎～豊川間の最短ルートを担い、通勤や寺院参詣の足となっている。

住宅街を単線で走り、両側に道路が並ぶ風景は路面電車を彷彿させる。中間の諏訪町駅は豊川市のビジネス街で、日本車輌製造豊川工場の正門に近い。豊川稲荷駅は同名の寺院（正式名は妙厳寺）の最寄りで、隣にJR飯田線の豊川駅が並ぶ。駅前から稲荷への参道には、古い商店街の情緒があふれる。「路面電車を彷彿させる」と記したが、豊川線は全線が軌道法に準拠して建設され、法の上では現在も「鉄道」ではなく「軌道」である。

豊川市域では1897年に豊川鉄道により、豊川と豊橋が線路で結ばれた。1926年に愛知電鉄が東岡崎駅から豊川鉄道小坂井駅へ延び、神宮前～豊川間に直通電車が走り始めた。豊川海軍工廠への従業員輸送を目的に、1945年に国府～市役所前（現・諏訪町）間が開通したほか、1954年には市役所前～新豊川（現・豊川稲荷）間が開通した。当初の架線電圧は600Vだったが、1953年に1,500Vへの昇圧を実施して、現在の名称である豊川線となった。昼間帯の一部を除いて名古屋本線との直通運転が行われ、名古屋方面とも便利に結ばれている。

豊川稲荷へのアクセス路線である豊川線は、全線が単線。軌道法に基づき建設され、路面電車が全廃された後は、名鉄に残る唯一の軌道線となった。

築港線東名古屋港駅は無人駅で、運賃精算は大江駅で行われる。

築港線は通勤客の流動にあわせて、朝と夕〜夜間帯にのみ運行される。

# 朝夕のみ列車が設定されている築港線

　築港線は、常滑線の大江駅と東名古屋港駅を結ぶ1.5kmの路線である。工業地帯の通勤路線で、旅客列車は朝夕にしか運転されない。単線だが、中間で非電化の名古屋臨海鉄道（貨物専業）と結ばれ、これを通じてJR東海道本線にもつながる。また、線路は東名古屋港駅を通り抜け、大江埠頭の水際まで延びる（駅から先は非電化）。これらの線路を駆使することで、築港線は新製車両・廃車車両の搬出入を行うほか、他社の車両の輸送にも応じている。

　開業は1924年で、愛知電鉄によって大江〜西六号（現・東名古屋港）間が開通した。戦前〜戦後を通じて大きな需要に恵まれたが、1965年に名古屋臨海鉄道が開業、その後は業務の分担が進み、築港線の貨物輸送は1985年に終了した。

　築港線には途中駅がないことから、東名古屋港駅の改札・集札は大江駅の乗り換え通路でまとめて行われる。列車は運転士だけのワンマン乗務で、東名古屋港は出入り自由の無人駅である。設備面での特徴としては、東名古屋港駅の東に名古屋臨海鉄道との平面交差部があり、昨今の鉄道では珍しい事例になっている。

■豊川線　国府〜豊川稲荷間

| NH04 | | TK01 | | TK02 | | TK03 | | TK04 |
|---|---|---|---|---|---|---|---|---|
| 国府 こう | 2.5 km | 八幡 やわた | 1.9 km | 諏訪町 すわちょう | 1.6 km | 稲荷口 いなりぐち | 1.2 km | 豊川稲荷 とよかわいなり |

■築港線　大江〜東名古屋港間

| TA03 | | CH01 |
|---|---|---|
| 大江 おおえ | 1.5 km | 東名古屋港 ひがしなごやこう |

## 西尾線・新安城～吉良吉田間
## 蒲郡線・吉良吉田～蒲郡間

西尾線は名古屋本線から三河湾沿岸へのアクセスルートで、碧海台地（へきかい）の拠点都市の西尾を経由する。蒲郡線は西尾線の終点と蒲郡を結び、沿線には観光地が点在する。西尾線と蒲郡線は吉良吉田駅で接続しているが、両線は異なる会社によって敷設された歴史がある。

## トヨタ関連の工場も多く、通勤客でにぎわう西尾線

　西尾線は、名古屋本線の新安城駅と三河湾岸の吉良吉田駅を結ぶ24.7kmの路線である。沿線と名古屋本線との直通利用が多く、名鉄名古屋～吉良吉田間に急行が1時間あたり2往復運転されている。大半は単線だが直線主体の高規格路線で、列車のスピードは速い。

　最初の区間は西尾鉄道により、1915年に西尾～吉良吉田間が開通した。新安城～西尾間は碧海電気鉄道が建設し、1926年に米津駅まで、1928年に西尾駅

矢作川を渡る3700系。西尾線は西尾駅を境に吉良吉田方面は本数が減少する。

まで全通した。1926年に西尾鉄道は愛知電気鉄道と合併したため、碧海電鉄全通時の西尾以南は愛知電鉄の路線だった。しかし、碧電は愛電の子会社で、実際は愛電が新安城駅からの全線を運営していた。愛電はまもなく名鉄に合流し、碧電も1944年に名鉄に合流、新安城～吉良吉田間は名鉄の碧西線となった。西尾線と称するのは戦

■西尾線　新安城～吉良吉田間

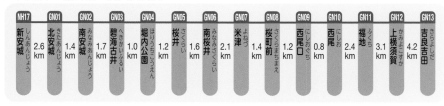

| NH17 | GN01 | GN02 | GN03 | GN04 | GN05 | GN06 | GN07 | GN08 | GN09 | GN10 | GN11 | GN12 | GN13 |
|---|---|---|---|---|---|---|---|---|---|---|---|---|---|
| 新安城 | 北安城 | 南安城 | 碧海古井 | 堀内公園 | 桜井 | 南桜井 | 米津 | 桜町前 | 西尾口 | 西尾 | 福地 | 上横須賀 | 吉良吉田 |
| しんあんじょう | きたあんじょう | みなみあんじょう | へきかいふるい | ほりうちこうえん | さくらい | みなみさくらい | よねづ | さくらまちまえ | にしおぐち | にしお | ふくち | かみよこすか | きらよしだ |
| | 2.6 km | 1.4 km | 1.7 km | 1.0 km | 1.2 km | 1.6 km | 2.1 km | 1.4 km | 1.2 km | 0.8 km | 2.4 km | 3.1 km | 4.2 km |

後の1948年からである。

1960～80年代には蒲郡線と一体で運営され、新名古屋～蒲郡間には「パノラマカー」の特急も走っていた。その後、長距離客は少なくなったが、かつて田園だった沿線にはトヨタ関連の工場が増え、現在はこれらへの通勤客が多い。

## 1998年からワンマン運転をする蒲郡線

2両編成の6000系が走る蒲郡線。全列車が普通列車だ。

北側にJR駅、南側に名鉄駅が並立する蒲郡駅。

蒲郡線は西尾線の延長部で、吉良吉田～蒲郡間17.6kmを結んでいる。三河湾に臨む丘陵地を走り、車窓には田園と海の風景が展開する。沿線には吉良温泉、愛知こどもの国、西浦温泉、形原温泉、蒲郡競艇場などがある。

蒲郡線は三河鉄道によって建設され、1936年に全通した。三河鉄道は東海道本線の刈谷駅と蒲郡駅を海岸沿いに結び、名古屋と豊橋から湾岸へのアクセスを図ったが、1928年に現在の西尾線が全通し、こちらが名古屋からのメインルートになった。西尾線を運営した愛電は名鉄に合流し、1941年にはその名鉄が三河鉄道を併合、刈谷～蒲郡間は名鉄三河線（西中金～蒲郡間）の一部となった。1948年には吉良吉田～蒲郡間が三河線を離れ、蒲郡線となって今に至っている。

昭和後期の蒲郡線は、観光路線としてにぎわった。しかし、平成になると客足が遠のき、1998年からはワンマン運転の路線となった。その後、名鉄では無人駅にも自動改札のシステムができたが、蒲郡線には導入されなかった。

### ■蒲郡線　吉良吉田～蒲郡間

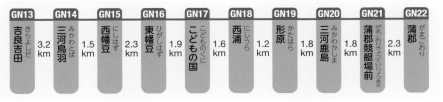

| GN13 | | GN14 | | GN15 | | GN16 | | GN17 | | GN18 | | GN19 | | GN20 | | GN21 | | GN22 |
|---|---|---|---|---|---|---|---|---|---|---|---|---|---|---|---|---|---|---|
| 吉良吉田 | 3.2km | 三河鳥羽 | 1.5km | 西幡豆 | 2.3km | 東幡豆 | 1.9km | こどもの国 | 1.6km | 西浦 | 1.2km | 形原 | 1.8km | 三河鹿島 | 1.8km | 蒲郡競艇場前 | 2.3km | 蒲郡 |

# 三河線・碧南〜猿投間
# 豊田線・梅坪〜赤池間

三河線は知立駅から山側と海側の2方向へ延びる路線で、「世界のトヨタ」のお膝元として、沿線には自動車関連の工場が点在する。豊田線は日進と豊田を結ぶ路線で、名古屋への通勤者の利用が多い。三河線は古い歴史を持つ路線、豊田線は1970年代に生まれた新しい路線である。

## 名古屋本線を境に系統が分離される三河線

　三河線は、碧南〜猿投間39.8kmを結ぶ。中間の知立で名古屋本線と結ばれ、知立〜猿投間は「山線」、知立〜碧南間は「海線」と呼ばれている。

　山線の大半は豊田市域を通り、豊田の都心と郊外を結んでいる。沿線には自動車工場と住宅地が分布し、工場で働く人の利用が多い。梅坪駅では名古屋方面へ豊田線が分岐し、梅坪〜

三河「山線」の猿投駅は、猿投検車区が併設され、構内は広い。2004年までさらに奥の西中金方面へ三河線が延びていた。

豊田市間には豊田線の電車も走る。一方、海線は刈谷・高浜・碧南などの古くからの街を通る。屋根瓦や雛人形などの伝統工業がある地域で、トヨタ自動車の関連産業も多い。

　三河線は1914年に刈谷新〜大浜港（現・碧南）間で開通。1928年に山側は西中金駅、海側は三河吉田（現・吉良吉田）駅に到達した。三河鉄道と名鉄との合併

■三河線　猿投〜碧南間

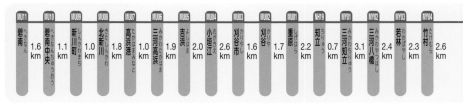

| MU11 碧南<br>へきなん | MU10 碧南中央<br>へきなんちゅうおう | MU09 新川町<br>しんかわまち | MU08 北新川<br>きたしんかわ | MU07 高浜港<br>たかはまみなと | MU06 三河高浜<br>みかわたかはま | MU05 吉浜<br>よしはま | MU04 小垣江<br>おがきえ | MU03 刈谷市<br>かりやし | MU02 刈谷<br>かりや | MU01 重原<br>しげはら | NH19 知立<br>ちりゅう | MY01 三河知立<br>みかわちりゅう | MY02 三河八橋<br>みかわやつはし | MY03 若林<br>わかばやし | MY04 竹村<br>たけむら |
|---|---|---|---|---|---|---|---|---|---|---|---|---|---|---|---|
| | 1.6 km | 1.1 km | 1.0 km | 1.8 km | 1.0 km | 1.9 km | 2.0 km | 2.6 km | 1.6 km | 1.7 km | 2.2 km | 0.7 km | 3.1 km | 2.4 km | 2.3 km | 2.6 km |

名古屋鉄道の路線がわかる

CHAPTER 1
CHAPTER 2
CHAPTER 3
CHAPTER 4
CHAPTER 5
CHAPTER 6

は1941年、同年に三河線が西中金〜三河吉田間の路線名に確定した。

　現在の三河線は、山線・海線とも普通列車のみを運行する。海線は東海道本線との乗り換え客が多く、刈谷駅以南の利用が多い。梅坪〜豊田市間、知立〜重原間、刈谷〜刈谷市間は複線化されたが、末端部の利用は振るわず、西中金〜猿投間と碧南〜吉良吉田間は2004年に廃止された。

## 地下鉄鶴舞線と相互直通運転する豊田線

　豊田線は、日進市の赤池駅と豊田市の梅坪駅を結ぶ15.2kmの路線である。赤池駅は名古屋市営地下鉄鶴舞線（上小田井〜伏見〜赤池間）の終点、梅坪駅は豊田市駅の北隣で、鶴舞線〜豊田線〜三河線の直通によって、伏見〜豊田市間、すなわち名古屋と豊田の都心同士が結ばれている。なお、上小田井駅は鶴舞線と名鉄犬山線との接続駅でもあり、鶴舞線は犬山線との相互乗り入れも行っている。

　豊田線の開業は1979年で、名古屋の郊外路線としては歴史が浅い。敷設の動きは戦前からあったが、準備が整うまでに半世紀を要した。新しいだけに設備は立派で、道路とはすべて立体交差の複線軌道となっている。緑の丘陵を貫いて走り、トンネル・橋梁・掘割が多い。風光明媚な区間もあり、東名高速道路と愛知池を横断する区間は、一つのハイライトとなっている。

　列車は普通列車のみであるが、駅間が長く、インフラが高規格であることから、運転速度は非常に速い。車両は4扉車の6両編成に統一され、名鉄は100系・200系、地下鉄は鶴舞線3000形・3050形・N3000形の限定運用となっている。

比較的新しく建設されたことから、全線が立体交差化されている豊田線。列車は赤池駅から名古屋市営地下鉄鶴舞線に直通する。

### ■豊田線　梅坪〜赤池間

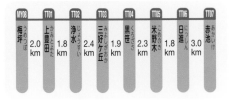

| MY05 土橋 つちはし | MY06 上挙母 うわごろも | MY07 豊田市 とよたし | MY08 梅坪 うめつぼ | MY09 越戸 こしど | MY10 平戸橋 ひらとばし | MY11 猿投 さなげ |
|---|---|---|---|---|---|---|
| | 2.8km | 1.8km | 1.4km | 2.0km | 1.1km | 1.1km |

| MY08 梅坪 うめつぼ | TT01 上豊田 かみとよた | TT02 浄水 じょうすい | TT03 三好ケ丘 みよしがおか | TT04 黒笹 くろざさ | TT05 米野木 こめのき | TT06 日進 にっしん | TT07 赤池 あかいけ |
|---|---|---|---|---|---|---|---|
| | 2.0km | 1.8km | 2.4km | 1.9km | 2.3km | 1.8km | 3.0km |

# MEITETSU **18**

》》》 津島線・須ケ口〜津島間
尾西線・弥富〜玉ノ井間

津島線は尾西線の弥富〜新一宮間ができた後で名古屋と津島を結んだ。尾西線の利用者を奪う形になったが、のちにはネットワークを築き、ダイヤ改正のたびに名古屋方面と津島線・尾西線を結ぶ特急がパターンを変えて設定されてきた。尾西線は名鉄最古の区間を含む路線である。

## 名古屋への直通列車が多い津島線

　津島線は、名古屋本線の須ケ口駅と尾西地方の中核都市・津島を結ぶ。沿線には古くからの農村と住宅地が混在し、路線の長さは11.8km。名古屋方面への通勤輸送を担う。列車は名鉄名古屋駅との直通が基本で、名古屋本線内は急行または準急、津島線内は普通という設定が多い。尾西線の津島〜弥富間と一体で運転され、津島駅よりも佐屋駅での折り返しが目立つ。

　津島線の原型は名古屋電気鉄道の津島線で、1914年に枇杷島橋（現・枇杷島分岐点）〜新津島間が開通した。この路線は1912年開業の一宮線（犬山線の前身）から西へ分かれ、須ケ口駅を経て津島駅に達した。つまり、当時の津島線は、名古屋本線の枇杷島分岐点〜須ケ口間と今の津島線を合わせた路線であった。

　名古屋と津島を一気に結んだ津島線は、地域の輸送ニーズを的確に捉えていた。名電は郊外進出の方針

津島駅は愛知県海部津島広域行政圏の中心、津島市の代表駅。尾西線とＴの字に接続する。

■津島線　須ケ口〜津島間

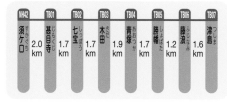

| NH42 | | TB01 | | TB02 | | TB03 | | TB04 | | TB05 | | TB06 | | TB07 |
|---|---|---|---|---|---|---|---|---|---|---|---|---|---|---|
| 須ケ口 | 2.0 km | 甚目寺 | 1.7 km | 七宝 | 1.7 km | 木田 | 1.9 km | 青塚 | 1.7 km | 勝幡 | 1.2 km | 藤浪 | 1.6 km | 津島 |

■尾西線　弥富〜玉ノ井間

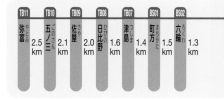

| TB11 | | TB10 | | TB09 | | TB08 | | TB07 | | BS01 | | BS02 |
|---|---|---|---|---|---|---|---|---|---|---|---|---|
| 弥富 | 2.5 km | 五ノ三 | 2.1 km | 佐屋 | 2.0 km | 日比野 | 1.6 km | 津島 | 1.4 km | 町方 | 1.5 km | 六輪 | 1.3 km |

を堅持し、津島線の支線・清洲線(須ケ口〜清洲町間、うち丸ノ内〜清洲町間は1944年休止、1948年廃止)が1914年に開通する。

## 3つに系統が分かれる尾西線

尾西線は、JR関西本線に隣接する弥富駅から津島駅・名鉄一宮駅を通り、玉ノ井駅までの30.9kmを結ぶ。列車の運転は津島駅・名鉄一宮駅で分断され、津島駅では津島線、名鉄一宮駅では名古屋本線との乗り換え客が多い。また、弥富〜津島間は津島線との直通が基本、津島〜名鉄一宮間、名鉄一宮〜玉ノ井間は線内運転が基本である。ワンマン運転の列車も多く、ローカル線の趣が強い。

尾西線は弥富〜津島間、津島〜名鉄一宮間、名鉄一宮〜玉ノ井間に運行系統が3分割されている。写真は名鉄一宮発津島行き普通列車。

開業は1898年で、弥富〜津島間が尾西鉄道によって開通。現在の名鉄線の中で最も古い区間である。線路は北へ延伸され、1900年に新一宮(現・名鉄一宮)駅に到達。しかし、1914年に名電の津島線ができると、多くの利用者がこちらへ移ってしまう。津島の人々は幹線鉄道との接続にも増して、名古屋との連絡を強く望んでいたのである。

尾西鉄道は弥富〜新一宮間に続き、一宮〜岐阜間の鉄道連絡にも乗り出していた。ただしその方法は当時の一宮〜岐阜間には東海道本線しかなく、同時期に開通した美濃電気軌道笠松〜新岐阜間へのバス連絡で足りると考えた。こうして1914年に新一宮〜玉ノ井〜木曽川橋間が開業。だが、利用者数は予想を下回り、会社は1925年に旧名古屋鉄道へ鉄道事業を譲渡した。

名鉄の一部となった尾西線は、名古屋本線・津島線との連係が図られ、設備投資が進められた。1960〜70年代には佐屋〜津島〜森上間が複線化され、全盛期には、森上〜津島〜名古屋以東を直通する特急・急行も走っていた。

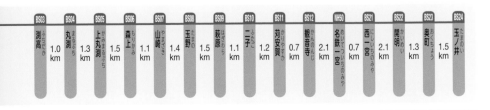

| BS03 | | BS04 | | BS05 | | BS06 | | BS07 | | BS08 | | BS09 | | BS10 | | BS11 | | BS12 | | NH50 | | BS21 | | BS22 | | BS23 | | BS24 |
|---|---|---|---|---|---|---|---|---|---|---|---|---|---|---|---|---|---|---|---|---|---|---|---|---|---|---|---|---|
| 渕高 | | 丸渕 | | 上丸渕 | | 森上 | | 山崎 | | 玉野 | | 萩原 | | 二子 | | 苅安賀 | | 観音寺 | | 名鉄一宮 | | 西一宮 | | 開明 | | 奥町 | | 玉ノ井 |
| | 1.0 km | | 1.3 km | | 1.5 km | | 1.1 km | | 1.4 km | | 1.5 km | | 1.1 km | | 1.2 km | | 0.7 km | | 2.1 km | | 0.7 km | | 2.1 km | | 1.1 km | | 1.3 km | | 1.5 km | |

## 竹鼻線・笠松～江吉良間
## 羽島線・江吉良～新羽島間

竹鼻線・羽島線は、岐阜・名古屋方面への通勤輸送と、新幹線アクセスを担う路線である。昔は笠松駅と大須駅を結んでいたが、江吉良～大須間は、利用者の減少に伴い廃止になった。一方、東海道新幹線岐阜羽島駅へのアクセスは新たな需要を掘り起こし、路線の将来に望みをつないだ。

## 快特・特急とも乗り換えられる笠松駅

竹鼻線は笠松～江吉良間 10.3km、羽島線は江吉良～新羽島間 1.3km を結び、事実上、笠松～新羽島間の 1 路線である。より大きな観点からは、岐阜市と羽島市を結ぶ路線と言える。

笠松駅は名古屋本線と接続する。笠松の街は古くは木曽川における岐阜県側の渡船場だった。線路はここから木曽川・長良川の間を通り、羽島の旧市街を結んでいる。ここでは竹鼻駅と羽島市役所前駅が二大玄関駅である。線路はさらに南下して、2 つ目の高架線で旧市街を離れる。その高架の終点が東海道新幹線の岐阜羽島駅、すなわち名鉄の新羽島駅である。

現在のこの路線は普通列車が 15 分間隔で走り、単線としては高頻度といえる。しかし、名鉄岐阜から新羽島への直通客にとっては、夜間などの一部を除き、笠松駅での乗り換えが必要

竹鼻線は 1921 年に開業した古い路線で、現在は羽島線と一体運営され、岐阜市中心部と新幹線を結ぶ使命を帯びている。

### ■竹鼻線　笠松～江吉良間

| NH56 | | TH01 | | TH02 | | TH03 | | TH04 | | TH05 | | TH06 | | TH07 | | TH08 |
|---|---|---|---|---|---|---|---|---|---|---|---|---|---|---|---|---|
| 笠松 かさまつ | 0.9 km | 西笠松 にしかさまつ | 2.0 km | 柳津 やないづ | 2.3 km | 南宿 みなみじゅく | 0.9 km | 須賀 すか | 0.9 km | 不破一色 ふわいしき | 1.6 km | 竹鼻 たけはな | 1.0 km | 羽島市役所前 はしまししやくしょまえ | 0.7 km | 江吉良 えぎら |

である。竹鼻線は、かつては名鉄岐阜駅直通が基本だったが、本線区間の輸送力過剰、岐阜羽島駅の利用の少なさなどから、今のダイヤに変更となった。

その代わり、現在は快速特急以下の全列車が笠松停車となり、名古屋・一宮方面から竹鼻線への乗り換えは、以前よりも便利になっている。

## 羽島線の開業とともに輸送サービスを見直し

竹鼻線は竹鼻鉄道によって建設され、1921年6月に現在の西笠松～竹鼻間が開通した。直後の9月に美濃電気軌道が竹鼻鉄道との連絡のため笠松駅を移転。美濃電は、初めから岐阜市内と竹鼻との直通を図っていたのである。竹鼻鉄道は現在の羽島市街を過ぎ、1929年に大須駅まで到達。この時点での長い路線（笠松～大須間）が名古屋鉄道に引き継がれ、長く

東海道新幹線岐阜羽島駅の東側に隣接する名鉄新羽島駅。ホームは1面1線で、新幹線ホームからよく見える。

親しまれる竹鼻線となった。名鉄と合併したのは1943年である。

戦後の1964年に東海道新幹線が開通、岐阜羽島駅ができたが、既存の市街地とはバス連絡となった。その不便を解消するため、1982年に羽島線江吉良～新羽島間が開業した。竹鼻線のダイヤはこの時から羽島線直通が基本となり、大須方面は羽島市役所前駅で乗り換えとなった。また、「羽島市役所前」はそれまで「羽島」と称していたが、新駅「新羽島」との混同を防ぐため、駅名が変更された。

江吉良～大須間は利用者が減り続け、2001年に廃止された。竹鼻線は新羽島直通が唯一のルートとなり、新幹線アクセスとローカル輸送の調整を図りつつ、現在のサービスに至っている。

### ■羽島線　江吉良～新羽島間

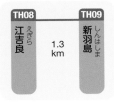

| TH08 | | TH09 |
| --- | --- | --- |
| 江吉良<br>えきら | 1.3<br>km | 新羽島<br>しんはしま |

羽島線の終点、新羽島駅。東海道新幹線岐阜羽島駅とは、駅舎が独立する。

# MEITETSU **20**

## 常滑線・神宮前～常滑間
## 空港線・常滑～中部国際空港間

常滑線と空港線は、名古屋都市圏の空港アクセス鉄道である。名古屋都心と中部国際空港をスピーディーに結び、全国と海外へのゲートウェイを担う。空港では多くの人が働いており、常滑線には名古屋と逆方向の通勤ラッシュも見られる。

## 最速列車の「ミュースカイ」が空港アクセスに活躍

常滑線は名古屋本線の神宮前駅と常滑駅を結ぶ29.3kmの路線である。空港線は常滑線の終点・常滑駅と中部国際空港駅を結ぶ4.2kmの路線で、両線は一体で運営されている。知多半島の西海岸をたどり、沿線には北から臨海工業地帯、海水浴場、漁場、ノリの養殖場が連なり、海との関わりが多様である。名古屋市内の区間はほとんど

中部空港連絡橋は高速道路と鉄道橋が併設されている。架線が張られている左の橋梁が名鉄空港線だ。

高架で、南に連なる東海市・知多市・常滑市の区間でも、中心部はすべて高架化される。高速運転に最大限配慮した、強固な複線軌道が大きな特徴である。

最大の役割は空港アクセスで、名鉄名古屋～中部国際空港間には、通常ダイヤでは「ミュースカイ」・特急・準急が、それぞれ毎時2往復運転される。神宮前～太田川間は河和線直通列車も走るため、運転密度が非常に高い。沿線は名古屋のベッドタウンでもあり、通勤・ローカル輸送のダイヤも充実している。

「ミュースカイ」の2000系電車は、カーブにおける車体傾斜制御など、特別

### ■常滑線　神宮前～常滑間

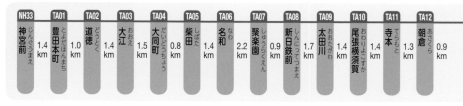

| NH33 神宮前 じんぐうまえ | TA01 豊田本町 とよだほんまち | TA02 道徳 どうとく | TA03 大江 おおえ | TA04 大同町 だいどうちょう | TA05 柴田 しばた | TA06 名和 なわ | TA07 聚楽園 しゅうらくえん | TA08 新日鉄前 しんにってつまえ | TA09 太田川 おおたがわ | TA10 尾張横須賀 おわりよこすか | TA11 寺本 てらもと | TA12 朝倉 あさくら |
|---|---|---|---|---|---|---|---|---|---|---|---|---|
| | 1.4 km | 1.0 km | 1.4 km | 1.5 km | 0.8 km | 1.4 km | 2.2 km | 0.9 km | 1.7 km | 1.4 km | 1.4 km | 1.3 km | 0.9 km |

名古屋と中部国際空港を結ぶ2000系「ミュースカイ」
は、1時間に2往復が設定されている。

「ミュースカイ」や特急が頻繁に走る常滑線にあっても、
普通列車は2両編成で足りる時間帯がある。

な走行性能を備えている。この性能と優れた軌道のおかげで、「ミュースカイ」
は名鉄名古屋〜中部国際空港間39.3kmをわずか28分で結ぶ。

## 名鉄の二大前身会社の一つが初めて手がけた常滑線

　常滑線は、愛知電気鉄道の創業路線である。愛電は1912年に大野（現・大野町）
〜伝馬町間を開通、現在の神宮前南部と大野町が結ばれた。この路線は1886年
開業の官設鉄道名古屋〜武豊間（現在の東海道本線・武豊線）が知多半島の東海岸
を活性化したため、その西海岸版および電車版として計画された。常滑〜神宮前
間が全通したのは1913年である。

　その後、愛電は豊橋線（神宮前〜豊橋間）、および子会社の知多鉄道（太田川〜
河和間）の建設を行った。愛電は1935年、知多鉄道は1943年に名鉄へ合流する。
1989年に常滑沖へ新空港の建設が決まると、鉄道アクセスは常滑線に託され、
路線の運命は大きく変わり、第一級の高速路線に変化を遂げた。

　常滑駅から空港島へは空港線が新設され、2004年10月16日から空港関係者
を対象とした暫定輸送を経て、2005年1月29日に一般向けの営業が始まった。
中部国際空港は2005年2月17日に開港し、以後、常滑線・空港線は新たな輸送
ニーズに対応しながら発展を続けている。

■空港線
常滑〜中部国際空港間

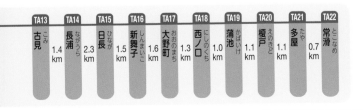

# 河和線・太田川〜河和間
# 知多新線・富貴〜内海間

河和線は知多半島を縦貫する路線で、名古屋と半田の都市間輸送、南知多への行楽輸送が2つの大きな柱となっている。知多新線は、半島南部の行楽路線として敷設された。海水浴場の内海を控える路線である。

## 一部区間でJR武豊線と並行 河和線

　河和線は、常滑線の太田川駅と河和駅を結ぶ。長さは28.8kmで、内陸の丘陵地を横断し、知多半田から知多半島の東海岸を南下する。河和は半島南部の交通の要所で、バス・高速船と接続する。知多半田〜知多武豊間ではJR武豊線と並行するが、市街地を挟んで並ぶため、相手線は車窓からは見えない。

　河和線の創業会社は知多鉄道で、1931年に太田川〜成岩間が開通、1935年に河和駅まで延びた。名古屋と知多半島東海岸の間には1886年から官設鉄道(現・JR東海道本線・武豊線)があったが、遠回りの線形と蒸気運転、貨物優先の輸送など不便な点が多かった。新線はこうした沿線の要望に応え、直通ルートの電気

河和線の特急は1時間あたり2往復(うち1往復は知多新線直通)が設定され、日中は名鉄名古屋発着である。

富貴駅では知多新線が西(写真では右)に分岐する。河和方面から金山行き普通がやってきた。

### ■河和線　太田川〜河和間

| TA09 太田川 | KC01 高横須賀 | KC03 南加木屋 | KC04 八幡新田 | KC05 巽ケ丘 | KC06 白沢 | KC07 坂部 | KC08 阿久比 | KC09 植大 | KC10 半田口 | KC11 住吉町 | KC12 知多半田 |
|---|---|---|---|---|---|---|---|---|---|---|---|
| | 1.3 km | 2.8 km | 1.3 km | 1.2 km | 0.8 km | 1.6 km | 1.1 km | 1.6 km | 1.0 km | 0.8 km | 0.8 km | 1.0 km |

鉄道として建設されたのである。

　知多鉄道は1943年に名鉄の知多線となり、1948年に河和線と改称された。新名古屋〜太田川〜河和のルートは半島の交通の大動脈として、1960〜70年代には河和口までの複線化と特急の増発が行われた。海水浴シーズンには内海（うつみ）や島嶼（しょ）部への行楽客で大混雑を呈したが、平成に入ってからは道路輸送に押され、昔ほどの混雑は見られなくなっている。

## 夏は海水浴客が多い 知多新線

　知多新線は、河和線の富貴駅と南知多町の内海駅を結ぶ。長さは13.9kmで、富貴（かみのま）〜上野間間では知多半島を横断し、上野間〜内海間は西海岸をたどる。終点の内海は、名古屋圏で最もにぎわう海水浴場の町である。また、知多奥田駅は南知多ビーチランドと日本福祉大学の最寄り駅で、年間を通して乗降客が多い。

　この路線は戦後の高度経済成長期に計画され、1974年に開通、1980年に全通した。南知多の住宅・観光開発を目指した路線で、名古屋と南知多の交流、並びに半島内の東西交流に大きな役割を果たしてきた。線路の設計は高速指向で、丘陵地を通るが急カーブは少なく、道路とはすべて立体交差になっている。

　列車は河和線との直通が基本で、名鉄名古屋〜内海間に特急・急行が毎時各1往復、金山〜内海間に普通1往復の運転となっている（他の区間への直通もあり）。これは河和線の富貴〜河和間と同じパターンで、東西の海岸への利便が同じになっている。

1974〜1980年に開業した知多新線は全線単線。知多半島を東西に横断する。特急は1時間に1往復設定されている。

### ■知多新線　富貴〜内海間

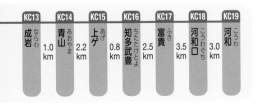

| KC13 成岩（ならわ） | | KC14 青山（あおやま） | | KC15 上ゲ（あげ） | | KC16 知多武豊（ちたたけとよ） | | KC17 富貴（ふき） | | KC18 河和口（こうわぐち） | | KC19 河和（こうわ） |
|---|---|---|---|---|---|---|---|---|---|---|---|---|
| | 1.0 km | | 2.2 km | | 0.8 km | | 2.5 km | | 3.5 km | | 3.0 km | |

| KC17 富貴（ふき） | | KC20 上野間（かみのま） | | KC21 美浜緑苑（みはまりょくえん） | | KC22 知多奥田（ちたおくだ） | | KC23 野間（のま） | | KC24 内海（うつみ） |
|---|---|---|---|---|---|---|---|---|---|---|
| | 5.8 km | | 0.9 km | | 1.4 km | | 1.7 km | | 4.1 km | |

# MEITETSU **22**

## 通勤輸送と行楽輸送の２つの顔を持つ
## 犬山線・枇杷島分岐点〜新鵜沼間

犬山線は観光地・犬山への行楽輸送、沿線から名古屋への通勤輸送を担う。
初期の重複ルートの分離、犬山以遠への支線の建設など、さまざまな変遷を
経て今の運営形態となった。「ミュースカイ」から普通まで列車種別もバラエティ
ーに富み、地下鉄鶴舞線との相互直通運転も行っている。

## 名古屋近郊の衛星都市が連なる犬山線沿線

犬山線は、枇杷島分岐点と新鵜沼駅を結ぶ。長さは26.8kmで、実質的な起点
は名鉄名古屋駅である。沿線は名古屋の近郊住宅地で、田園風景も残っているが、
並行する鉄道が離れているため、通勤時間帯には利用者が集中する。また、犬山
駅では小牧線・広見線、新鵜沼駅では各務原線、およびJR高山本線と接続して
おり、このことも混雑の一因となっている。一方、上小田井駅では名古屋市営地
下鉄の鶴舞線と結ばれ、名古屋駅を通らない都心アクセスが形成されている。

犬山は犬山城、日本モンキーパー
ク、明治村、リトルワールドを擁す
る行楽地で、犬山駅はこれらへの玄
関口となっている（犬山城へは徒
歩、ほかはバス連絡）。木曽川南岸
の犬山遊園駅も、犬山駅と並ぶ観光
の拠点である。終点の新鵜沼駅に
は、かつて高山本線との短絡線があ
り、名鉄の車両による行楽列車が、
下呂・高山へ乗り入れていた。

名古屋本線（左方向）と犬山線（右方向）が分かれる枇杷島分岐
点。名古屋本線の神宮前〜枇杷島分岐点は列車が集中し、名
鉄で最も列車密度が高い区間だ。

■犬山線　枇杷島分岐点〜新鵜沼間

| 枇杷島分岐点 びわじまぶんきてん | 1.0 km | IY01 下小田井 しもおたい | 1.4 km | IY02 中小田井 なかおたい | 1.1 km | IY03 上小田井 かみおたい | 2.4 km | IY04 西春 にしはる | 1.4 km | IY05 徳重・名古屋芸大 とくしげ・なごやげいだい | 0.8 km | IY06 大山寺 たいさんじ | 1.6 km | IY07 岩倉 いわくら | 2.1 km | IY08 石仏 いしぼとけ | 2.4 km |
|---|---|---|---|---|---|---|---|---|---|---|---|---|---|---|---|---|

中部国際空港連絡のミュースカイは、名鉄岐阜方面だけでなく、犬山方面とも連絡している。

100系は、犬山線にも乗り入れる。写真は豊田線・鶴舞線直通40周年記念ヘッドマークを掲出した。

犬山線の列車ダイヤは、名古屋本線・常滑線との直通運転が基本である。「ミュースカイ」・快速特急・特急など、優等列車の種類も多い。下り方では広見線・各務原線、上り方では地下鉄鶴舞線への直通運転が行われ、鶴舞線とは相互直通運転の関係になっている。

## 初期の路線は一宮線・旧犬山線・旧小牧線の統合体

犬山線の開通は1912年。名古屋電気鉄道の郡部線の一つで、当時は一宮線(押切町〜岩倉〜東一宮間)・犬山線(岩倉〜犬山間)の2路線によるルートだった。

1926年には犬山〜新鵜沼間が開通し、現在の犬山線が全通した。一宮線押切町〜岩倉間は名古屋市内から東一宮・犬山・小牧への3ルートに共有されていたが、1928年に名古屋本線の新清洲〜国府宮間が開通すると、一宮へはこちらがメインルートになった。また1931年には現在の小牧線が開通、小牧へは上飯田駅が起点となった。こうして、押切町〜岩倉間は犬山アクセスがメインとなり、1941年からは犬山線は枇杷島分岐点〜新鵜沼間を指すようになった。

このようにかつては今の犬山線が名電・旧名鉄の本線であった。それにもかかわらず、名古屋と犬山の間には、旅客誘致の目玉がなかった。犬山の観光開発、高山本線への直通運転などは、そのために行われたものである。こうして、犬山線は一宮・小牧ルートの分離後も、新たな需要によってにぎわい続けた。

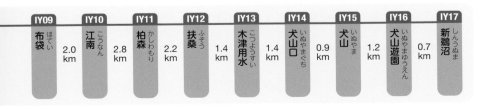

| IY09 布袋 ほてい | | IY10 江南 こうなん | | IY11 柏森 かしわもり | | IY12 扶桑 ふそう | | IY13 木津用水 こうようすい | | IY14 犬山口 いぬやまぐち | | IY15 犬山 いぬやま | | IY16 犬山遊園 いぬやまゆうえん | | IY17 新鵜沼 しんうぬま |
|---|---|---|---|---|---|---|---|---|---|---|---|---|---|---|---|---|
| | 2.0 km | | 2.8 km | | 2.2 km | | 1.4 km | | 1.4 km | | 0.9 km | | 1.2 km | | 0.7 km | |

# 各務原線・名鉄岐阜〜新鵜沼間
# 広見線・犬山〜御嵩間

各務原線は、岐阜市と各務原市を結ぶ路線で、沿線には航空自衛隊の基地をはじめ航空関係の企業が立地する。広見線は、犬山市・可児市・御嵩町にまたがる路線である。犬山寄りは名古屋のベッドタウンとして利用が多く、御嵩寄りは山里の情緒豊かなローカル線となっている。

## 名古屋・岐阜のベッドタウン化が進んだ各務原線

各務原線は、名古屋本線の名鉄岐阜駅と犬山線の新鵜沼駅を結ぶ。長さは17.6kmで、中間部から東部にかけて、岐阜県各務原市を通り抜ける。また、名鉄岐阜駅の構内は本線から独立するが、新鵜沼駅の構内は犬山線と同じである。

全区間複線の各務原線は、全線に渡りJR高山本線と並行しているが、電車運転と運行本数の多さで各務原線の方にやや分がある。

初期の事業者は各務原鉄道で、1928年に長住町（現・名鉄岐阜）〜東鵜沼（現・新鵜沼）間が開通した。陸軍各務原飛行場への補給・通勤輸送が、路線建設のきっかけになった。会社は1935年に名岐鉄道に合併され、以後は各務原線として今に至っている。当初、犬山線とは乗り換えを要したが、1964年に各務原線の電圧を1500Vに昇圧するとともに、苧ケ瀬〜新鵜沼間を複線化し、犬山線との直通運転が実現した。沿線は次第に都市化が進み、現在は岐阜市・名古屋市のベッドタウンとなっている。沿線のシンボル各務原飛行場は、戦後は航空自衛隊岐阜基地となった。

■各務原線　名鉄岐阜〜新鵜沼間

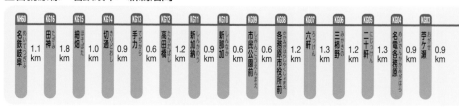

　近年は並行するJR高山本線の改善が進み、現在は競合関係も見られる。また、愛知県側へは木曽川に橋梁が増え、自動車では犬山へ迂回する必要がなくなった。全盛期に比べると利用者は少なく、かつて盛んだった名古屋方面への直通運転は、今ではほとんど行われていない。

## 山間の田園地帯に延びる 広見線

　広見線は、犬山と中山道の宿場町・御嵩（みたけ）を結ぶ。長さは22.3kmで、山間の田園地帯を、東に向かって延びている。中間の新可児駅は可児市の玄関駅で、JR太多（たいた）線可児駅と接続する。「広見」は可児市中心部の地名で、新可児はかつて「新広見」、同じく可児は「広見」と称していた。1982年の市制施行に伴って、今の駅名に変わったのである。

　広見線は、まず1920年に広見（現・新可児）～御嵩（現・御嵩口）間で開通した。この路線は軽便線の東濃鉄道（多治見～広見間）の延長部だったが、既設区間は国有化・高規格化され、新設区間は東美鉄道として切り離された。一方、1925年には今渡線として犬山口～今渡（現・日本ライン今渡）間を開通。のちにこの2路線が木曽川のダム建設をサポートする路線として統合され、今の広見線になった。2路線の接続は1929年、現存路線の全通（御嵩口～御嵩間の開通）は1952年である。なお、旧東美鉄道の伏見口（現・明智）駅から八百津へは八百津（とうみ）線が設けられたが、2001年に廃止された。

　犬山～新可児間は複線、新可児～御嵩間は単線である。複線区間は宅地開発が進み、名古屋方面との直通列車も多く設定されている。単線区間はワンマン運転を行っている。この区間では自動改札は行われず、運転士が車内で運賃収受を行っている。

広見線は新可児駅で系統分離され、新可児～御嵩間では行先表示板を掲出する列車も走る。

### ■広見線　犬山～御嵩間

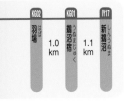
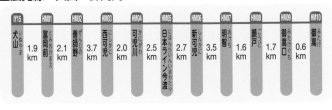

| KG02 | | KG01 | | IY17 | | IY15 | | HM01 | | HM02 | | HM03 | | HM04 | | HM05 | | HM06 | | HM07 | | HM08 | | HM09 | | HM10 |
|---|---|---|---|---|---|---|---|---|---|---|---|---|---|---|---|---|---|---|---|---|---|---|---|---|---|---|
| 羽場（はば） | | 鵜沼宿（うぬまじゅく） | | 新鵜沼（しんうぬま） | | 犬山（いぬやま） | | 富岡前（とみおかまえ） | | 善師野（ぜんじの） | | 西可児（にしかに） | | 可児川（かにがわ） | | 日本ライン今渡（にほんらいんいまわたり） | | 新可児（しんかに） | | 明智（あけち） | | 顔戸（ごうど） | | 御嵩口（みたけぐち） | | 御嵩（みたけ） |
| | 1.0km | | 1.1km | | | | 1.9km | | 2.1km | | 3.7km | | 2.0km | | 2.5km | | 2.7km | | 3.5km | | 1.6km | | 1.7km | | 0.6km | |

# MEITETSU 24

## 地下鉄と直通し一気に便利になった
## 小牧線・上飯田〜犬山間

小牧線は、名古屋と犬山を小牧経由で結ぶ。起点の上飯田駅が他の鉄道から離れていたため、距離の割には名古屋都心への所要時間が長く、沿線北部に住む人々は犬山まわりで通勤していた。平安通駅への直通後は不便が一気に解消し、犬山線のバイパスとしても利用されている。

### 名古屋寄りは住宅が密集、犬山寄りは田園の眺め

　小牧線は、名古屋市北部の上飯田駅と犬山駅を結ぶ。長さは20.6kmで、春日井市の西部、小牧市の中心部を通る。南部は庄内川の沖積平野、北部は濃尾平野の東縁をたどり、車窓には小高い山並みが望まれる。沿線の宅地開発は南部に集中しており、線路も上飯田〜小牧間は複線、小牧〜犬山間は単線である。

小牧線は上飯田〜小牧間が複線、小牧〜犬山間が単線で、全列車が終日ワンマン運行されている。

　起点の上飯田駅は名古屋市営地下鉄の上飯田線平安通〜上飯田間（0.8km）の終点で、一部列車を除きほとんどが小牧線に乗り入れ、平安通駅が始発となっている。平安通駅では地下鉄名城線に接続し、この駅を介して名古屋の都心・栄とのアクセスが確立されている。

　列車は普通列車のみで、昼間は毎時4往復の運転である。ラッシュ時には平安通〜小牧間の区間運転があり、平日朝の小牧以南は直通列車・区間列車が交互に毎時8往復、土休日の朝とすべての夕方は、直通列車2本の後に区間列車が入っ

### ■小牧線　上飯田〜犬山間

| KM13 | | KM12 | | KM11 | | KM10 | | KM09 | | KM08 | | KM07 | |
|---|---|---|---|---|---|---|---|---|---|---|---|---|---|
| 上飯田<br>かみいいだ | 2.3<br>km | 味鋺<br>あじま | 1.4<br>km | 味美<br>あじよし | 1.7<br>km | 春日井<br>かすがい | 1.5<br>km | 牛山<br>うしやま | 0.9<br>km | 間内<br>まない | 1.2<br>km | 小牧口<br>こまきぐち | 0.8<br>km |

て毎時6往復となる。また、小牧以南、小牧以北とも運転間隔は均等とされ、南部区間が6往復となる時間帯は、直通列車の半数が小牧駅で時間調整を行う。

　車両は小牧線専用車300系と名古屋市交7000形が相互乗り入れで運用されている。いずれも4扉車の4両編成で、犬山への行楽客を想定して、一部の座席は転換式クロスシートになっている。

## 江戸時代の街道に沿って線路を敷設

　小牧線の開通は1931年で、上飯田〜新小牧（現・小牧）間が先に開通、2ヵ月後に全線が結ばれた。小牧の街には1920年開通の岩倉支線（岩倉〜小牧間）があり、押切町〜岩倉〜小牧間のルートで営業していた。だが、名古屋〜犬山間の街道（木曽街道など）は名古屋城の東から小牧経由で延びており、街道沿いの町村は、このルートへの新線建設を望んでいた。今の小牧線はこの要望に応えて敷設され、名岐鉄道の時代に開業したものである。既存の小牧線と区別するため、開業時の路線名は大曽根線、小牧の玄関駅は新小牧と称した。

　当初、大曽根線は内燃運転が残されていた。1945年には岩倉支線の小牧駅が統合され、以後はこの駅が小牧駅と称している。大曽根線は1947年に電化が完

駅ビルにビジネスホテルやフィットネスクラブ、市役所の出張所が併設されている小牧駅。島式1面2線と単式1面1線のホームを有する地下駅である。

成し、翌年に小牧線と改称している。岩倉支線は1964年に廃止された。

　上飯田駅からの南進計画は早期に挫折し、盲腸線のまま半世紀が過ぎた。ようやく2003年に地下鉄上飯田線が開業、小牧線上飯田〜味鋺間の地下新線と結んで、現在の都心アクセスが陽の目を見た。平安通駅への直通により、小牧市北部からの通勤事情は、目覚ましい改善を遂げている。

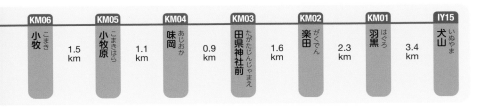

| KM06 | | KM05 | | KM04 | | KM03 | | KM02 | | KM01 | | IY15 |
|---|---|---|---|---|---|---|---|---|---|---|---|---|
| 小牧 こまき | 1.5 km | 小牧原 こまきはら | 1.1 km | 味岡 あじおか | 0.9 km | 田県神社前 たがたじんじゃまえ | 1.6 km | 楽田 がくでん | 2.3 km | 羽黒 はぐろ | 3.4 km | 犬山 いぬやま |

# MEITETSU 25

## 唯一、他の名鉄線と接続しない
## 瀬戸線・栄町～尾張瀬戸間

瀬戸線は約20kmの独立路線だが、都心直通の利便に恵まれ、通勤通学の利用者でにぎわっている。もとは貨物が主力の路線で、瀬戸の陶磁器産業と支えあって発展した。同じ時期に開業し、建設目的の似ていた尾西線・三河線と比べると、順調な成長ぶりが際立つ路線である。

## 独立路線ながらも都心へ直結

　瀬戸線は、名古屋の都心・栄（栄町）と尾張瀬戸を結ぶ。長さは20.6kmで、瀬戸街道に沿って名古屋市守山区、尾張旭市を通り、「せとものの町」と呼ばれる窯業都市・瀬戸市に至る。路線の中間部では宅地開発が盛んで、瀬戸線は名古屋市内への通勤利用が多い。また、大森・金城学院前駅は有名な女子大学の最寄りで、学生の多くは瀬戸線で通学する。栄町と大曽根の両駅では名古屋市営地下鉄に、大曽根駅ではJR中央本線・名古屋ガイドウェイバスに、新瀬戸駅では愛知

環状鉄道に接続する。大曽根駅は中央本線との乗り換え客が多い。

　瀬戸線は、名鉄の他の路線から独立している。カーブが多いこと、狭い駅が多いことなど、旧態依然の面もあるが、早くから複線化・電化が行われたほか、都心寄りは地下と高架の区間が長く、他の支線より優れている面も多い。しかも、車両は高性能のVVVFインバータ制御車に統

名鉄で唯一の独立路線である瀬戸線は、2014年にステンレス車体の車両に統一された。

■瀬戸線　栄町～尾張瀬戸間

| ST01 | | ST02 | | ST03 | | ST04 | | ST05 | | ST06 | | ST07 | | ST08 | | ST09 | | ST10 |
|---|---|---|---|---|---|---|---|---|---|---|---|---|---|---|---|---|---|---|
| 栄町 | 1.5 km | 東大手 | 0.7 km | 清水 | 0.5 km | 尼ケ坂 | 0.9 km | 森下 | 1.0 km | 大曽根 | 1.3 km | 矢田 | 1.1 km | 守山自衛隊前 | 0.6 km | 瓢箪山 | 1.0 km | 小幡 | 1.3 km |

一され、線形の不利にもかかわらず、スピーディーで定時性の高い運行を行っている。

都心直結であるだけに運転本数も多い。列車種別は急行・準急・普通の3種類である。現在、小幡〜大森・金城学院前間の約1.9kmでは高架化工事が行われており、上り線は2022年3月19日に高架化された。下り線の高架化は2023年度の予定である。

瀬戸線の終点、尾張瀬戸駅は2001年に新駅舎に改築された。旧駅舎は2005年にオープンした観光施設「瀬戸蔵」内に一部が復元された。

## 名古屋城の外堀を走っていた

瀬戸線の開通は1905年、栄町〜尾張瀬戸間の全通は1978年である。この鉄道は、瀬戸の陶磁器やその原料の搬出入に用いるため敷設された。当初は瀬戸自動鉄道と称したが、蒸気動車の使用に手こずり、すぐに電車に切り換えている。電化に伴い、社名も瀬戸電気鉄道となった。

初期の区間は大曽根〜瀬戸(現・尾張瀬戸)間で、線路は大曽根駅で中央本線と結ばれ、貨物の受け渡しが行われた。1911年には都心側への延伸が行われ、瀬戸電は堀川〜瀬戸間の路線となった。堀川駅では陶磁器を舟に積み替え、堀川と名古屋港の水運を通じて、移出・輸出が行われた。また、都心区間の建設には名古屋城の外堀が使われ、市街地を傷つけるリスクが避けられた。

名鉄との合併は1939年で、戦後は沿線のモータリゼーションが進み、陶磁器はトラックで運ばれるようになった。外堀の路線はこうして役割を終え、今の地下線が造られたのである。栄への乗り入れは1978年に実現、同時に1500Vへの昇圧、新造車の導入が行われ、瀬戸線は通勤路線に生まれ変わった。郊外の街が貨物を最寄りの国鉄駅へ送るために造った路線だが、行く先が名古屋を向いていたおかげで、運輸情勢の変化に対応することができた。

# 名古屋市営地下鉄だけではない 名鉄との乗り入れ路線

東京と大阪の鉄道網と同様、名古屋でも地下鉄と近郊路線の直通運転が行われている。名鉄は犬山線・豊田線・小牧線が地下鉄線と乗り入れる。豊橋地区では本線と飯田線の珍しい乗り入れもあり、歴史的な事情がおもしろい。過去には特急列車が高山本線に乗り入れ、観光客に親しまれていた。

## 名古屋市営地下鉄とは相互直通運転を実施

名鉄と名古屋市営地下鉄との直通運転は2つのルートがあり、ともに相互乗り入れとなっている。一つは名鉄犬山線〜地下鉄鶴舞線〜名鉄豊田線〜三河線を結ぶ犬山〜豊田市間58.4kmで、名古屋の都心部を貫通する。設定区間が非常に長く、ラッシュ時の利用者が非常に多い。地下鉄鶴舞線は上小田井〜赤池間20.4kmで、ビジネス街の丸の内・伏見、下町の大須、文教地区の杁中・八事・塩釜口などを結ぶ。豊田市方面は鶴舞線の電車の一部が郊外へ直通する形をとっており、豊田線内のみの列車は、基本的には運転されない。これに対し、犬山線は名古屋駅との直通が基本で、鶴舞線の電車は上小田井駅での折り返しが多い。鶴舞線と犬山線の直通運転は、朝夕のラッシュ時に多く設定されている。

豊田線は名古屋市営地下鉄鶴舞線と相互直通運転を行い、名古屋市交通局3000形電車も直通する。

名古屋市交通局上飯田線は平安通〜上飯田間の1駅のみ。上飯田線平安通駅は島式1面2線の地下駅である。

もう一つの直通ルートは、地下鉄上飯田線と名鉄小牧線を結ぶ平安通〜犬山間21.4kmで、地下鉄名城線への接続により、小牧線の都心アクセスが図られている。上飯田線は平安通〜上飯田間0.8kmと非常に短いが、上飯田地区は都心への通

勤者が多いので、短いながらも地下鉄の路線として造られた。一方、利用者が都心志向であるのは小牧線沿線も同じで、名鉄の電車は上飯田駅では折り返さず、すべて平安通駅に乗り入れる。

## JR飯田線と線路を共用

　名鉄はJR東海とも直通運転を行っている。それは名古屋本線の豊橋〜平井信号場間3.8kmで、JRの飯田線と同じ区間である。この区間では複線の西側（下り線）がJR、東側（上り線）が名鉄に所属しており、両社が線路を貸しあって複線運転が行われる、全国的にも珍しい相互乗り入れのシステムである。

　初めは飯田線の前身・豊川鉄道の単線だけだったのだが、名古屋方面から愛知電鉄が単線を併設し、現在の運転の仕組みができた。共用区間には飯田線用に船町・下地の2駅があるが、名古屋本線は豊橋〜伊奈間5.0kmが1区間であり、共用区間は無停車で運転されている。

　1965〜2001年に、名鉄は名古屋市内から犬山線と高山本線を結んで、高山方面へ優等列車を運転していた。名鉄の気動車が国鉄〜JRに乗り入れる方式で、1976年以降は特急「北アルプス」（神宮前〜飛騨古川間）で定着した。また、1970年代から1980年代にかけては、夏場に富山地方鉄道立山駅まで直通していた。国鉄時代の3社直通乗り入れは、非常に珍しいケースだった。廃止後かなりの年月が過ぎたが、高山本線への直通列車は、車両の開発や間合運用も含めて、今の名鉄特急の原形となっている面が大きい。

豊橋駅を発車した名鉄岐阜行き特急は、JRの留置線の間を走り抜けていく。

# 路面電車で岐阜市街地と郊外を結んだ
# 岐阜地区で走っていた600V各線

かつては名鉄岐阜駅の北にも、名鉄が美濃電から受け継いだ路線網があっ
た。平成時代まで残っていたのは、岐阜市内線・美濃町線・田神線、揖斐
線・谷汲線である。経営環境が厳しくなるなか、電車の利便の向上をめざして、
さまざまな改善が行われていた。

## 岐阜市内から美濃市へ延びた美濃町線

岐阜市とその周辺には、かつて
は名鉄の路線網が広がっていた。
その前身は美濃電気軌道で、架線
電圧600Vの小柄な鉄道システム
として、本線系とは異なるローカ
ルムードを醸し出していた。

美濃町線は県道92号線〜国道156号にほぼ沿って延びていた。
写真のモ880形は美濃町線廃止後、福井鉄道へ譲渡された。

その美濃電の創業路線が1911
年開通の岐阜市内線（岐阜駅前〜
今小町間、神田町〜上有知間）で
ある。市内線は路面電車、美濃町
線は併用軌道と専用軌道の混合によって、岐阜市と関市・美濃市を結んでいた。
戦後は沿線でモータリゼーションが進んだが、名鉄はクルマ社会に勝負を挑み、

岐阜駅前を走るモ520形。前面が半流線形のスタイルは大正時
代に日本の鉄道に流行していたデザインだ。写真／児島眞雄

1970年に田神線（田神〜競輪場前
間）を開通させた。新岐阜〜田神
間は各務原線に乗り入れ、新岐阜
〜美濃間の直通ルートが形成され
た。新車の投入も行われたが利用
の減少に歯止めはかからず、
1999年に美濃町線新関〜美濃間
が廃止されたのに続き、2005年
に岐阜の600V線は全廃された。

1970年登場の600形は軌道線・
鉄道線の直通用に製造された、

600Vと1,500Vの複電圧車である。座席も**転換式クロスシート**を採用、軌道線では珍しい急行運転を行った。全国的に路面電車の衰退が著しかった当時、名鉄のこの施策はセンセーショナルで、他の都市でも軌道線の活性化が行われるようになった。

## 専用軌道で岐阜市西郊へ延びた揖斐線・谷汲線

岐阜市の北西郊外には、揖斐線（忠節～黒野～本揖斐間）、谷汲線（黒野～谷汲間）が延びていた。揖斐線は1914年開業の岐北軽便鉄道から美濃電に併合された路線、谷汲線は1926年開業の谷汲鉄道から名鉄に併合された路線である。

こちらの2路線は完全な専用軌道で、最高速度70km/h

揖斐線のモ510形＋モ520形＋モ510形が、3両編成で伊自良川を渡る。写真／児島眞雄

と、まずまずの俊足を誇っていた。起点の忠節駅から市街地へは市内線への乗り換えが必要だったが、1967年からは急行が岐阜市内線に乗り入れ、岐阜駅前～本揖斐・谷汲間の直通運転が行われた。だが、クルマ社会の深度化に伴い、鉄道の利用者は減少に向かう。黒野駅以西は衰退が早く、揖斐線黒野～本揖斐間、谷汲線全線とも2001年に廃止された。黒野駅以東では全車の新車化、市内線直通が行われたが、急行廃止などの減量化もあり、市内線も含めて2005年に廃止された。

1967年登場の急行は、大正生まれのモ510形・モ520形電車で運転されていた。これらは美濃電生え抜きの車両で、半流線形の珍しい外観、赤・白2色の美しい塗り分け、転換式クロスシートへの改装などで、多くの人に親しまれた。美濃町線の600形と並んで、岐阜地区600V線のシンボルとなった車両である。

用語解説　**転換式クロスシート**
［てんかんしきくろすしーと］

転換式クロスシートは背もたれの向きを前後に変えられる座席で、中京・関西・山陽地区のJRの電車に多く見られる。1970年頃の名鉄も同様で、マイカーに対抗するため、この種の座席を積極的に導入していた。その対象は1500V線にとどまらず、瀬戸線・揖斐線・美濃町線にまで及んでいた。

CHAPTER 1
CHAPTER 2
CHAPTER 3
CHAPTER 4
CHAPTER 5
CHAPTER 6

# 名鉄の歴史的建造物

## 国の登録有形文化財に登録された建造物も

1999年に廃止された旧美濃駅は廃止当時の駅舎がそのまま残り、構内には美濃町線電車が静態保存されている。2005年に国の登録有形文化財に登録。

犬山線完成時に立てられたレンガ造りの岩倉変電所は、博物館明治村で展示・保存されている。大きな変電用機械を収容するため、背の高い建造物になっている。

　名鉄の各線には100年前後の歴史があり、駅舎の多くは、建て替えを重ねて今の姿になった。だが、古い駅舎の中には、解体を免れたものがある。1999年廃止の美濃町線美濃駅、2004年廃止の三河線西中金駅・三河広瀬駅がそれである。これらは駅舎と付属施設が国の登録有形文化財となり、大切に保存されている。旧美濃駅舎は1923年に開業、大正時代の建築様式を残し、構内にはモ600形・モ510形電車の姿もある。旧西中金駅舎・旧三河広瀬駅舎は昭和初期からのもので、素朴な小屋風の建物である。

　また名鉄には、1912年完成の「名鉄岩倉変電所」という登録有形文化財もある。犬山線の開通用に造られた赤レンガ建築の変電所で、現在は博物館明治村に展示・保存されている。明治村には登録有形文化財が多く、鉄道関連では鉄道寮新橋工場・六郷川鉄橋などの例がある。また、犬山線布袋駅には、2010年まで開業時の駅舎が残っていた。高架化のため取り壊されたが、部材の一部は江南市に譲られ、「NPO法人 布袋駅舎保存会」によって管理されている。

廃止された三河線三河広瀬駅のホーム。2007年に西中金駅と共に国の登録有形文化財に登録された。

# CHAPTER 3 第3章

# 名古屋鉄道の
# 駅がわかる

名古屋鉄道には大手私鉄では第2位の駅数を誇る275駅がある。このうち最大の
ターミナル、名鉄名古屋駅は乗降人員も全駅トップで、2位の金山駅の約1.6倍に
相当する。このような大駅もあれば、ローカル線の小駅、国際空港に直結した駅、
名古屋市営地下鉄との接続駅もあり、バラエティに富む。第3章では名鉄の主要
駅について、2021年度の1日平均乗降人員数（上位20位まで）、一部の駅につ
いては配線図も交えて解説する。

# 中京地区の一大ターミナル
# 名古屋本線・名鉄名古屋駅

名鉄名古屋駅は中京地区のターミナルにふさわしく一日中混雑している。駅は3面2線の設備で、通過型のホームとなっており、一宮・岐阜方面、犬山・新可児方面、津島・弥冨方面、東岡崎・豊橋方面、中部国際空港・内海・河和方面に5方向の列車が発着する。

## 3面2線を駆使して5方向の列車をさばく

　コロナ禍前の2018年度には1日平均乗降人員数が名鉄最多の303,556人と、まさに名鉄を代表する駅である。大手私鉄のターミナルといえども線路はわずか2線で、3面のホームで乗客に対応しており、全国的にもここまで効率的な駅はまず見あたらない。岐阜・犬山・弥冨方面と豊橋・中部国際空港方面の5方向から列車がこの駅を通り、昼間でも数分おきに到着して、短時間のうちに発車する光景が日常的に見られる。

　駅では行先ごとに乗車位置を変えて乗客が集中しないようにする工夫や、乗車と降車でホームを分離して乗降時間を短縮している。また、降車ホームは特別車の乗降用のホームも兼ねて混雑緩和を図っている。なお、線路の構造上、折り返し列車の設定はできないため、当駅が終点の「ミュースカイ」などの列車は、次の岐阜寄りの栄生駅や、さらに枇杷島分岐点北側の留置線まで回送される。

　2019年3月に名鉄は名古屋駅地区再開発計画を発表し、駅は4線化される予定である。また、駅の敷地は東側の名駅通沿いに倍近く拡大され、駅機能の充実が図られる。同時に付近にある名鉄百貨店や名古屋近鉄ビルなども建て替えられる予定で、2027年のリニア中央新幹線開業を目標に進められる。しかし、昨今のコロナ禍の影響で、計画は変更される可能性がある。

名鉄名古屋駅は砂時計のくびれのような位置にあり、さまざまな行先の列車が集中する。このため方別に停車位置をずらして、整列乗車する位置を頭上と足元の色違いで示している。

3面2線しかないが、柱に示された方面は多様。

島式ホームには特別車の自動券売機が置かれている。

開業年
**1941年8月12日**
1日平均乗降人員（順位）
**227,395人（1位）**

※データは2021年度（以下同）

## かつては近鉄との連絡線があった

　名鉄名古屋駅は第二次世界大戦による影響で資材不足の中、1941年に完成した。当時は新名古屋駅と称し、神宮前駅との線路はつながっていなかった。また、同じ地下の西側には関西急行電鉄（現・近鉄名古屋線）の関急名古屋駅がすでに開業しており、関西急行との連絡線の準備工事がされていた（当時の近鉄名古屋線は軌間1067mmだった）。新名古屋駅には3線の線路で2面のホームが設けられ、東側の1番線が降車ホーム、島式ホームの2・3番線が乗車ホームであった。1944年に新名古屋〜神宮前間が開通し、旧名岐線（西部線）と旧愛電線（東部線）の東西の線路が結ばれた。この結果、行き止まり型から現在の通過型ターミナルとなった。

　戦後は復興が進み、1950年の新駅舎完成に続き、近鉄との連絡線が設けられた。この連絡線を使い、相互乗り入れが団体列車に限って実施された。近鉄線から名鉄線を経由して、国鉄（現・JR）飯田線本長篠駅から分岐する田口鉄道（飯田線の前身）鳳来寺駅（廃止）まで乗り入れたこともあったが、名鉄ビル（現・名鉄百貨店本店本館）建設の進展で相互乗り入れは1953年に終了した。また、ビルの建設に合わせてホームの拡幅と乗降分離を目的とした3面2線化への改良工事が行われた。1954年に完成し、その後も細かい改良を重ねながら現在に至っている。

**用語解説　関西急行電鉄**
[かんさいきゅうこうでんてつ]

近鉄の母体である大阪電気軌道グループの会社で、名古屋へ進出するため伊勢電気鉄道が開業した桑名〜大神宮（伊勢神宮の外宮前に位置した）間を引き継ぎ、1938年に桑名〜関急名古屋（現・近鉄名古屋）間を開業した。これにより大阪電軌・参宮急行・関急の3社がつながり、名阪間連絡が実現した。

# JR飯田線とホームを共用する 名古屋本線・豊橋駅

豊橋駅は、JR東海との共用駅。飯田線ホームの3番線は名鉄専用で、向かいの2番線に飯田線の列車が発着し、JRと名鉄の電車が並列する時間帯もある。また、豊橋駅は快速特急・特急・急行が乗り入れ、準急・普通は伊奈駅止まりである。

## JR東海と共同使用駅で優等列車のみが発着

豊橋駅は西側に東海道本線の通過式ホームがあるほか、北東側に飯田線と名鉄の頭端式ホームが2本あり、名古屋本線はこのうち頭端式の最も西側、3番線を使用する。頭端式ホームは飯田線がかつては私鉄の豊川鉄道だった名残である。

豊橋駅は名鉄電車（右）とJR飯田線電車（左）が同一ホームの両側に停車する。

3番線ホームに名鉄のきっぷ売り場があるが、橋上の改札口はJR東海との共同使用である。3番線の駅名標はJR東海仕様だが、次駅は名鉄が通過する飯田線の「船町（ふなまち）」ではなく、名鉄の「伊奈（いな）」となっている。駅ナンバリングは豊橋が「NH01」、伊奈が「NH02」と表記され、その下にそれぞれ「MEITETSU」のロゴが入る。名鉄のホームは東海道本線のホームよりやや北東側にあるため、東海道新幹線や東海道本線の車内から名鉄の車両がよく見える。

線路は名鉄と飯田線が合流する平井信号場から当駅まで飯田線と共有している。東側1本（上り線）が名鉄、西側1本（下り線）がJR東海の所有となっており、取り決めで名鉄は1時間あたり最大6本の運転となっている。発着する列車は快速特急・特急・急行に限られ、普通や準急は伊奈駅までの運転となっている。

改札はJRと共同だが、仕様はJRタイプである。

| 開業年 |
|---|
| **1927年6月1日** |
| 1日平均乗降人員（順位） |
| **28,283人（7位）** |

## 東海道本線のホームより北東側にある理由

　東海道本線の開通に続いて線路が豊橋駅に到達したのは、今の飯田線であった。当時は私鉄の豊川鉄道で、1897年7月に豊橋〜豊川間を単線で開業した。この時は豊橋駅を共用していたが、1899年12月に分離して今の位置に吉田駅を新設した。このため東海道本線のホームより北東側に位置している。

　その後、愛知電鉄は1916年に伊奈駅から線路を延ばし、豊橋市までの敷設免許を得た。そこで豊川鉄道と交渉の末、豊川鉄道と合流する地点（現・平井信号場）から吉田駅まで愛知電鉄が単線で線路を敷き、両社の線路を複線として共同使用することとなった。1927年6月から運転を開始したこの方式は、豊川鉄道の国有化後も続き、JR化後の現在も引き継がれている。

　豊川鉄道は1943年8月に国有化されて飯田線となり、吉田駅は豊橋駅に名称が統合された。この時は同じ豊橋駅だが改札口は別のままで、1945年の戦災により、仮設駅舎で営業を再開したときも改札口は別であった。

豊橋駅では名鉄とJRの間に中間改札が設けられていない。このため2・3番ホームに乗換用の簡易改札機が設置されている。青色の改札機は名鉄→JR、裏にあるピンクのものはJR→名鉄。

　1950年に豊橋駅は民衆駅第1号として改良され、ようやく改札口が統一された。

　また、飯田線専用の2番ホームは1980年代まで荷物列車が入線し、1番ホームは1960年代まで回送などが入線していた。

■豊橋の配線図

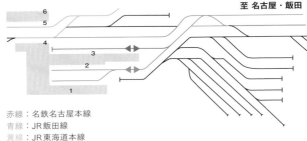

至 名古屋・飯田

赤線：名鉄名古屋本線
青線：JR飯田線
黄線：JR東海道本線

---

**用語解説**

**民衆駅**
[みんしゅうえき]

民衆駅とは駅舎の建設費用を国鉄と民間が負担し、民間は商業施設を駅に作ることで費用を回収する方式である。しかし、商業施設が繁盛しても国鉄にはテナント料しか入らず、1971年に国鉄法が改正され国鉄の直接投資が可能となり、平塚駅を皮切りに国鉄が「駅ビル」を建築していった。

# MEITETSU 30

## 三河線が系統分離する駅
## 名古屋本線／三河線・知立駅

三河線の利用者は増加傾向にあり、知立（ちりゅう）駅は現在、高架工事が本格的に行われている。2022年10月現在、仮線に移設が終わり、構造物の建築が着々と進んでいる。完成後は3階建てのホームとなり、2・3階から列車が発着する。

## 地上駅から3階建ての高架駅へと工事中

　知立（ちりゅう）駅は3面5線の地上駅で、愛知県主体により2028年度の完成を目標に高架工事が進められている。完成後は3階部が三河線用の2面4線、2階部が名古屋本線用の2面4線となる。これまでと同様に、名古屋方面から三河線に直接乗り入れが可能な線路配置がとられる。また、名古屋本線は上下線とも追い抜き設備が設けられ、三河線は豊田市方面の三河知立駅までが複線化される。

　現在の仮設ホームは南側から2〜6番線があり、1番線はない。これは南側に1本留置線があったことによる。留置線は仮駅の西側に設けられている。

　旧駅舎は現在地に移設された当時から線路の北側にあり、改札口の横には地元の名菓「あんまき」の売店が入居していたが、2019年に仮駅舎へ駅機能が移り、旧駅舎が取り壊される際に営業休止となった。駅構内の旧豊橋方面6番ホームの東側に遍照院遥拝所（へんじょういん）があった。三河三弘法のひとつで、「知立の弘法さん」と親しまれる遍照院は駅から徒歩約15分の場所にある。そこまで行けない参拝者のための施設であるが、2019年に改札外へ移設された。

知立駅の名古屋本線上りホーム（6番線・右）は北改札口に直結する。三河線ホームは名古屋本線下りホーム（5番線・左）の奥に位置する。

開業年
**1959年4月1日**
1日平均乗降人員（順位）
**26,658人（10位）**

知立駅付近の高架は、1階が改札・駅施設、2階が名古屋本線、3階が三河線となる。

## 線路の変更を繰り返して現在地に定着

初代の知立駅は、三河鉄道（現・三河線）により1915年に開業した。一方、有松方面から線路を延ばしてきた愛知電鉄（現・名古屋本線）は1923年4月に、今の知立駅よりやや西に新知立仮駅を設けた。そして同年6月に、三河鉄道との立体交差部の豊橋側に本駅となる新知立駅を設けた。

高架化および駅舎の改築工事がたけなわの知立駅。2028年度竣工の予定だ。

三河鉄道が名鉄と合併した後の1941年8月、新知立駅は知立駅に統合された。2つの駅は長い連絡路で結ばれて2代目の知立駅が誕生。一部では2つの知立駅を区別するために名古屋本線が「A知立」、三河線が「B知立」と使い分けられたという。A知立は島式ホームで築堤上にあり、列車の停車位置をずらすことで混雑緩和を図ったが、ホームの幅を広げることは困難であった。

そこで混雑を抜本的に解消するため、1959年4月に本線の西側600mの位置に現在の3代目の知立駅を開設した。この時に変更された線路配置が、現在までほぼ引き継がれている。

移設後のA知立は東知立駅に名称が変更されて1968年に廃止。B知立は三河知立駅に改称された。なお、三河知立駅は知立駅の高架工事に合わせて、豊田市側の高架区間外の地上部まで移設される予定である。

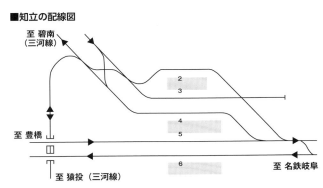

■知立の配線図

至 碧南
（三河線）

2
3

至 豊橋

4
5

至 猿投（三河線）

6

至 名鉄岐阜

**用語解説** あんまき

小麦粉を練って焼いた生地で小豆の餡を巻いた、どらやきに似ている菓子。各地に似た製品はあるが、知立のあんまきは東海道の宿場町だった池鯉鮒（知立の古い地名）が栄えた江戸時代から続く。知立市のマスコットキャラクター「ちりゅっぷ」もあんまき形のポーチを提げているほど、知立名物として知られている。

# MEITETSU 31

## 名古屋都心への南の玄関
## 名古屋本線・金山駅

金山駅は、名鉄とJR東海道本線・中央本線、名古屋市営地下鉄が集まる名古屋の南の玄関口である。現在よりも東側にあった名鉄金山橋駅が、現在地に移転して金山総合駅となった。

## 効率的に乗り継げる名古屋の南の玄関口

金山駅は掘割構造となっており、名鉄の線路配置は2面4線である。北側をJR中央本線、南側をJR東海道本線に挟まれており、さらに北側の地下には名古屋市営地下鉄名城線・名港線のホームがある。これらを合わせて「金山総合駅」とも呼ばれ、地上コンコースを経由して乗り換えが効率よくできる構造となっている。

人工地盤の上に設けられた金山駅舎。名鉄・JR・名古屋市営地下鉄が集まることから、駅舎入口にも「金山総合駅」の名が掲げられている。

名鉄の線路は名鉄岐阜側が複線、金山～神宮前間が複々線区間となっており、金山駅で折り返す列車用に、岐阜側に引上線が2線設けられている。また、神宮前側には渡り線があり、中部国際空港の開港時は豊橋駅と中部国際空港駅を結ぶ列車が使用していた。

駅は掘割を跨ぐように南北に自由通路が通り、この通路を挟んで西側にJR東海の駅舎、東側に名鉄の駅舎が設けられている。バスターミナルや商業施設も駅近くに集中しているため、何かと移動距離が少なくて済む便利な駅である。

構内には「μPLAT（ミュープラット）金山」という商業施設があり、朝の通勤時間帯から営業している店もある。

■金山の配線図

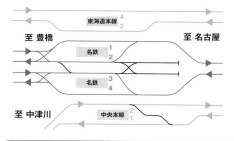

開業年
**1944年9月1日**
1日平均乗降人員（順位）
**139,941人（2位）**

自動改札機が並ぶ上に、駅ナカ施設を展開する金山駅。

JR東海道本線・中央本線に挟まれた位置に名古屋本線の島式2面4線ホームが位置する。当駅終着の列車もあり、回送の表示を掲げて名古屋側の引上線へ向かい、折り返す。

## 初代金山駅は東西連絡線に合わせて設置

　名鉄は、1941年に西部線を新名古屋（現・名鉄名古屋）駅まで延伸した。さらに神宮前以東の東部線に接続する東西連絡線の工事が進められ、太平洋戦争の影響による資材不足の中、1944年9月に開通した。この時に初代の金山駅が設けられている。当時、架線電圧は西部線が600V、東部線が1,500Vだったため、金山駅構内で電圧が分けられ、金山駅は乗換駅であった。

　戦争末期の1945年3月に空襲で駅舎が被災し、7月に金山橋駅に改称されて終戦を迎えた。1948年5月に西部線の昇圧が完成し、乗換駅としての役割を終えたが、重要な中間駅としての役割は続いた。

　現在、金山駅はJRや地下鉄が集まる総合駅だが、この計画は1947年3月に鉄道復興計画委員会により基本構想が策定されたものだ。それまでは東海道本線も中央本線も金山に駅はなく、地下鉄も存在しなかったが、この計画を基に徐々に整備が進められた。紆余曲折を経て、1987年9月に名古屋市・JR東海・名鉄間で「金山総合駅基本協定書」が締結され、1989年7月に現在の位置に名鉄金山橋駅が移転して金山総合駅が完成した。この時に名称が二代目の金山駅となり、今日の繁栄につながっている。

---

**用語解説**

**名城線・名港線**
［めいじょうせん・めいこうせん］

名古屋市営地下鉄の路線で、名古屋市高速度鉄道第2号線の一部（大曽根～栄～金山間）と同第4号線（大曽根～名古屋大学～金山間）が名城線、同2号線金山～名古屋港間が名港線と名付けられている。もとは大曽根～金山～名古屋港間が名城線だったが、2004年に4号線が全通し、環状線となった路線を名城線、盲腸線を名港線と改めた。

# MEITETSU **32**

## 》》》 名古屋本線西部の分岐駅で、JRも高架線
## 》》》 名古屋本線／尾西線・名鉄一宮駅

一宮市は繊維の町として発展し、名鉄一宮駅は同市を代表する交通の要である。名古屋本線と尾西線の分岐駅だが、その歴史は尾西線から始まっており、名鉄の中では最長の、120年以上の歴史がある。

▲名鉄一宮駅の改札口。写真の左側にJRの改札口がある。

◀名鉄一宮駅1番ホームは尾西線専用。列車の編成両数が短いため、玉ノ井方面（手前）と弥富方面（奥）の両列車が停車できる。

## 一宮市を代表する交通の要衝

　名鉄一宮駅は高架駅で、島式2面4線の線路配置である。西側から1〜4番線とし、1番線は尾西線の列車が発着。北半分は玉ノ井方面、南半分が津島方面となっている。2番線は名古屋本線の岐阜方面、3番線は岐阜・豊橋方面、4番線は豊橋方面の列車が使用する。

　駅の岐阜側には、本線に挟まれる形で引上線が1本設けられている。ホームは10両編成に対応できる長さがあり、ホームの上はすべて駐車場となっている。また、駐車場階はホームからエスカレーターで結ばれ、駐車場の改札口からは西隣にある名鉄百貨店一宮店の4階に直通できる。

　駅構内には名鉄百貨店以外にも改札の内外に商業施設が設けられている。駅の北西部には名鉄一宮駅バスターミナルがあり、一宮と起を結んでいた起線の代替バスなどが発着している。すぐ東側には高架駅のJR尾張一宮駅があり、東西自由通路で結ばれている。名鉄とJRの駅は隣接しているが駅名は異なり、合わせて「一宮総合駅」と呼ばれることもある。JRの駅の東側には尾張一宮駅前バス乗り場があり、近くにあった東一宮駅と岩倉を結んでいた一宮線の代替バスはここから発着している。

## 名鉄最長の120年以上の歴史を持つ

名鉄一宮駅は、1900年1月に尾西鉄道（現・尾西線）が設けたことに始まる。尾西鉄道は関西鉄道（現・JR関西本線）弥富駅と官設鉄道一ノ宮（現・東海道本線尾張一宮）駅を結ぶために敷設された。開業当時は蒸気動力で、後に電化された。路線は順に玉ノ井、名古屋、岐阜方面へ延び、1930年12月には蘇東線（そとう）（のちの起線）が新一宮（現・名鉄一宮）駅に乗り入れた。繊維産業の中心地としての繁栄ぶりがうかがえる。

名鉄一宮駅に併設されているバスセンター。夕方帰宅時間帯を迎え、バスを待つ列も長くなってきた。

戦後は1948年に名岐線が1,500Vに昇圧されたが、尾西線は1952年まで600Vで残された。この間は蒸気機関車が貨物の入換作業を行った。尾西線の昇圧後、起線は駅に乗り入れなくなり、1954年に廃止されてバス化された。

駅は名古屋本線の混雑を緩和するため、1963年12月に尾西線が2線から1線化された。線路跡には本線の下り線が移設され、本線用のホームが拡幅された。この結果、2面4線から2面3線となった。そして1980年から高架工事が始まり、1995年に完成した。長い間、国鉄・JRの尾張一宮駅と共同改札口だったが、改築後は会社ごとの改札口となった。また、長年使用された新一宮の駅名は2005年に「名鉄一宮」となった。

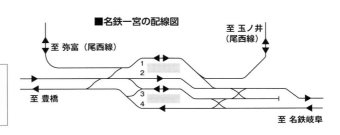

**■名鉄一宮の配線図**

至 弥富（尾西線）
至 玉ノ井（尾西線）
至 豊橋
至 名鉄岐阜

開業年
**1900年1月24日**
1日平均乗降人員（順位）
**29,196人（6位）**

用語解説

**起線**
［おこしせん］

1924年に蘇東線起〜一宮（後の八幡町）間として開通。1930年に新一宮駅に乗り入れ、1948年に起線に改称した。沿線開発によって利用者は増加したが、複線化する敷地がなく、輸送力増強もままならず、1953年にバス代替輸送され、翌年正式に廃止された。乗客が増えすぎて廃止になった珍しい例である。

# MEITETSU **33**

## 岐阜市街地に立つターミナル駅
## 名古屋本線／各務原線・名鉄岐阜駅

名鉄岐阜駅は名古屋本線と各務原線（かかみがはら）の起終点駅である。名古屋本線は2階、各務原線は1階から発着し、両線の線路はつながっていない。これは、昔の名古屋本線の駅はJR岐阜駅近くにあったが、後に各務原線の駅に移設されて現在の駅となったことによる。

## 地平と２階にホームが分かれている

　名鉄岐阜駅は、大きく明るいガラス張りの天井が印象的な駅舎を中心に、南側は築堤上に設けられた本線、東側は地平部分に設けられた各務原線（かかみがはら）のホームがある。中央改札口は2階にあり、すぐに名古屋本線の乗り場につながっている。2面4線の頭端式ホームは1〜4番線で、いずれも8両編成が入線できる。本線ホームの西側にはECT（イクト）という商業施設があり、その南側には岐阜バスのターミナルがある。

　中央改札口から連絡通路を行くと地平部分に各務原線の乗り場がある。こちらは1面2線の頭端式ホームで5・6番線となっており、6両編成まで入れる。かつては7番線があり、路面電車の美濃町線を結ぶ田神線用のホームがあったが、

路線バスが続行する名鉄岐阜駅前。この道をかつては路面電車が走っていた。

■名鉄岐阜の配線図

6
5
　　　　至 新鵜沼
　　　　（各務原線）

4
3
2
1

山 東海道本線・高山本線

至 豊橋（名古屋本線）

2007年に建て替えられ、ガラス張りになった名鉄岐阜駅。駅舎内は明るく、2年後には駅ナカ商業施設がオープンした。

2005年4月に廃止され、現在は各務原線の留置線となっている。

　各務原線の駅には駅ビル「名鉄長住町ビル」があり、地平部分には東改札口が設けられている。こちらは上下の移動なく、各務原線ホームに直接行ける。

## 本線の駅が各務原線の長住町に移動

　東海道本線岐阜駅近くに名鉄が乗り入れたのは1911年2月。後に名鉄と合併する美濃電気軌道が岐阜駅前～今小町間、神田町～上有知間で開業したことによる。当時の岐阜駅は現在の名鉄岐阜駅付近にあり、1913年7月に現在の位置へ移転し、翌月に岐阜市内線も駅前まで延長された。これらの路線は後に岐阜市内線となったが、2005年に廃止された。

歴史的経緯から、名古屋線ホームと各務原線ホームは離れて立地する。豊橋行き快速特急が1番線で発車を待つ。

　美濃電気軌道はさらに笠松方面へ進出を計画し、1914年12月に岐阜駅の北東側に新岐阜駅を設けて、現在の本線の路線となる新岐阜～広江（名鉄岐阜～加納間にあった駅で、1968年廃止）間が開通した。当時、笠松側から跨線橋を渡ると半径200mの急カーブと30‰の急勾配で下り、ホームの長さは45mのために列車の長編成化は困難であった。美濃電気軌道は1930年に名鉄と合併し、新岐阜駅から笠松方面にかけては名古屋本線の一部となった。

　一方、各務原線は、各務原鉄道により1928年12月に長住町駅まで開通した。名鉄と合併後は両駅を連絡するため、1948年4月に名古屋本線の新岐阜駅が移設され、各務原線長住町駅は新岐阜駅と統合された。

　1970年6月から美濃町線の車両が各務原線新岐阜駅に乗り入れることになり、専用の低床ホームが設けられて、2005年4月の美濃町線廃止まで使用された。

　なお、2005年1月に新岐阜駅は名鉄岐阜駅に改称された。

| 開業年 |
|---|
| **1948年4月18日** |
| 1日平均乗降人員（順位） |
| **27,724人（9位）** |

### 用語解説　頭端式［とうたんしき］

同じ平面にある2本以上のホームの一端がつながっている形のホーム。上から見ると「ヨ」の字のような形で、櫛形ホームとも呼ばれる。日本の私鉄やヨーロッパのターミナル駅で見られる形で、名鉄では名鉄岐阜駅のほか、豊橋駅、新可児駅などが頭端式ホームになっている。

>>> ## 2路線が接続し、中間改札がある
## 西尾線／蒲郡線・吉良吉田駅

忠臣蔵の吉良上野介義央にゆかりのある町・吉良を代表する吉良吉田駅。
もとは鉄道2社による別々の駅だったが、名鉄への合併後に統合された。西
尾線・蒲郡線・三河線のたどった数奇な歴史が、駅舎とホームのユニークな
配置の中に秘められている。

吉良吉田駅の蒲郡線ホームは、かつての三河ホームを
使用する。列車は写真の奥に延びる単線に向かって走る。

吉良吉田駅の西尾線ホームは弧を描いている。急行列車
は津島線へ入り入れ、尾西線弥富駅まで走る。

## 自動改札の導入時に西尾線・蒲郡線を分離

　吉良吉田駅の構内では、三河鉄道が設けたまっすぐな線路に、西尾線が急カー
ブで合流する。西尾線のホーム（3・4番線）はカーブの部分、旧三河鉄道のホー
ム（1・2番線）は直線部にあり、2カ所のホームが「ハ」の字を描く。いずれも相
対式ホームである。また、駅舎は両方のホームに連絡するため、「A」の字の横
棒の位置に設けられている。

　長い間、この駅では西尾線・蒲郡線がカーブのホームを共用し、三河線が直線
ホームを占有していた。西尾線と蒲郡線は一体で運転されていたからである。し
かし、蒲郡線の利用者が減少し、スリムな運営が望まれるようになった。名鉄で
は2000年代に駅集中管理システム（無人駅を含む自動改札システム）の導入を進
めたが、蒲郡線には導入されず、この吉良吉田駅がシステムの境界駅となった。
そのため、蒲郡線乗り場は三河線なきあとの直線ホームに移され、カーブのホー
ムは西尾線専用となった。西尾線は駅集中管理システムなので、連絡通路の中間
改札口で、運賃の精算が行われる。なお、西尾線・蒲郡線とも分離後は駅舎寄り
ホームのみの使用となり、利用者は構内踏切を渡る必要がなくなっている。

## 西尾線と蒲郡線の接続駅　かつては三河線も

　吉良吉田駅は、西尾線と蒲郡線の接続駅である。吉良吉田という駅名は、1915年に西尾鉄道の終点として誕生したが、そこは現駅の西尾寄りだった。現在の吉良吉田駅は、1928年に三河鉄道の終点・三河吉田駅として設置された。

　三河鉄道は1929年に三河鳥羽駅まで延伸された。だが、西尾鉄道・三河鉄道とも1941年までに名古屋鉄道に合流、現在の西尾線・三河線・蒲郡線が名鉄一社のものとなった。西尾線は1942年に吉良吉田〜三河吉田間が開通、翌年に旧駅が廃止された。こうして3路線の接続駅が完成し、駅名も三河吉田に統一されたが、1960年には駅名が見直され、現在の吉良吉田に改称された。その後、三河線の碧南〜吉良吉田間は、2004年に廃止されている。

　吉良吉田駅は、西尾市吉良町の玄関駅である。吉良は農業・漁業の町で、海岸近くには吉良温泉もある。また、赤穂事件で知られる吉良上野介義央は、この吉良の領主であった。忠臣蔵では敵役とされる義央だが、地元では善政を敷いたことで知られる。

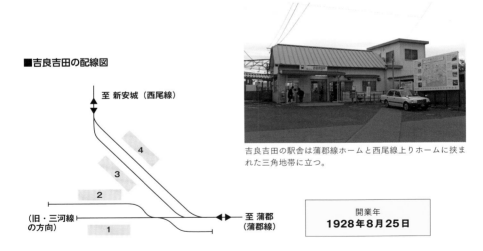

**■吉良吉田の配線図**

至 新安城（西尾線）

4

3

2

（旧・三河線
の方向）

1

至 蒲郡
（蒲郡線）

吉良吉田の駅舎は蒲郡線ホームと西尾線上りホームに挟まれた三角地帯に立つ。

開業年
**1928年8月25日**

用語
解説
　　　**相対式**
　　　［そうたいしき］

複線鉄道の基本的なホーム配置で、2本の線路の外側に単式ホームを1面ずつ並べ、線路を挟んで向い合せにしたもの。線路の基本的な進路・構造を変えずに設置することができ、駅の増設に対応しやすく、利用者にとっては目的の乗り場を確認しやすいなどの長所がある。

# MEITETSU 35

## 高架化と、駅周辺の再開発が行われた 常滑線／河和線・太田川駅

太田川駅は常滑線から河和線が分岐する要衝駅で、東海市の玄関口としての役割も大きい。近年の高架化によって常滑線と河和線が分離され、列車がスムーズに通過できるようになった。空港アクセス輸送にとって、その改善効果は非常に大きい。

### 複層構造にして常滑線と河和線を完全に分離

　太田川駅は、常滑線から河和線が分岐する駅である。東海市を代表する駅で、通勤・通学の利用が多い。特急以下の全列車が停車し、「ミュースカイ」だけが通過する。

　ホームは2階と3階の複層式になっている。メインは2階で、この階は島式ホーム2面4線である。南に向かって左から付番されており、1・2番線は南行ホーム（常滑・河和方面）、3・4番線は北行ホーム（名古屋方面）である。2番線と3番線が常滑線の上下の本線で、通過列車はこの線を通る。南行・北行とも追い抜き・緩急接続が可能な構造である。

　3階は島式ホーム1面2線で、河和方からの名古屋方面乗り場である。地上時代の太田川駅は2面4線のみの施設で、河和方からの列車は常滑線の常滑方と平面交差する線形だった。高架化と合わせて交差支障をなくし、常滑方面へ向かう列車の安全性を高めたのである。名古屋方面はホームが2層に分かれたが、発車案内板とエレベーター・エスカレーターにより、利用者には適切な案内と快適な移動が提供されている。

■太田川の配線図

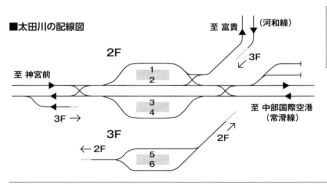

開業年
**1912年2月18日**
1日平均乗降人員（順位）
**16,381人（20位）**

## 高架化を機に駅周辺の再開発を実施

　開業したのは1912年で、愛知電気鉄道伝馬町〜大野間（現・常滑線）の途中駅として誕生した。当初の表記は「大田川」だったが、1930年ごろ「太田川」に変わった。1931年には知多鉄道が太田川〜成岩間で開業、当駅は半田方面への乗換駅になった。戦後は常滑線沿線の工業化が進み、駅周辺の市街化が進んでゆく。その市街地の再開発を兼ねて、2011年12月に高架化が完了した。

　東海市の市域では、1駅南の尾張横須賀駅が古くからの中心市街地に接していた。だが、戦後は内陸部と名古屋寄りの人口が増え、太田川駅のほうが中心部にふさわしくなった。そこで市では、太田川駅の高架化を機に再開発を行い、新た

な都心づくりを積極的に進めている。看板となる施設は西側の東海市芸術劇場「ユウナル東海」で、その北にはピアゴ（スーパーマーケット）を核とする「ラスパ太田川」、東側には市民交流プラザを含む商業施設「ソラト太田川」が設けられている。

　地上時代の太田川駅は、東口駅舎に弥勒寺の宝塔を模した屋根があり、駅のシンボルとなっていた。飾り屋根を設けた駅舎は1924年に建てられ、改築の際にも屋根だけは残されたが、高架化で解体を余儀なくされ、惜しまれながら姿を消した。

　駅の周辺部では既存の建物が一掃されており、高架化前とは風景が全く異なっている。

3階は河和線上りホーム（上）、2階は常滑線・河和線下りホーム（下）。いずれも島式ホームで、緩急接続が行われる。

---

### 用語解説　島式ホーム［しましきほーむ］

2本の線路の間に設けられ、その両側で乗り降りを行うホーム。上り線と下り線、本線と支線・待避線など、役割の異なる線路の乗場を統合するために用いられる。駅のスペースの有効な活用、乗り換えの容易化などの長所があるが、いったん設置すると、形状・サイズの変更が非常に難しい。

## セントレアに直結し、開港に合わせて開業 空港線・中部国際空港駅

中部地方の空の玄関・中部国際空港。名鉄名古屋駅から「ミュースカイ」に乗れば、わずか28分で到達する。空港駅と旅客ターミナルはバリアフリーの通路で結ばれ、移動のストレスを感じさせない。利用者の視点を大切にしてデザインされた駅で、高架駅ながら冷暖房完備であるのも珍しい。

## 空港内の全ロビーへ段差なしで連絡

　中部国際空港駅は、頭端式ホーム2面3線の高架駅である。名古屋方から頭端部に向かって、左のホームが1・2番線、右のホームが3番線である。また、右のホームの外側には、さらに1線を敷設できるようになっている。

　1番線は「ミュースカイ」専用、2番線と3番線は一般列車用である。ホームはすべてガラス壁で覆われ、夏は冷房、冬は暖房で守られる。2・3番線の乗降エリアはガラス壁の外側にあるが、「ミュースカイ」専用の1番線はガラス壁のドア位置を車両に合わせ、線路への転落事故が起きないようになっている。

　ホームの頭端は段差なしで改札口と結ばれ、その外は「アクセスプラザ」と称する橋上式・屋内式のコンコースである（バス・タクシー・高速船乗り場に連絡）。改札口を出ると右側に旅客ターミナルへの通路があり、出発（3階）・到着（2階）の両方のロビーへ、スロープ式の「動く歩道」が設けられている。つまり、駅のホームと空港のロビーは、平面だけで行き来することができるのだ。空港備え付けの荷物用カートも駅から使うことができ、移動のバリアフリーが徹底されている。

頭端式ホームの中部国際空港駅。2・3番線ホームは「ミュースカイ」以外の列車が停車する。

| 開業年 |
| --- |
| **2005年1月29日** |

## 航空旅客でにぎわう駅は旅行者以外の利用も多い

中部国際空港駅は2005年2月17日の中部国際空港（愛称「セントレア」）開港に合わせて開業し、名古屋方面からの終着駅となった。

中部国際空港駅の改札口を出て右に折れれば、旅客ターミナルビルに到着する。

空港線は2004年10月16日に暫定開業し、空港関係者のために列車を走らせた。一般営業は翌年1月29日に始まり、半月余りを経て空港がオープン。当初は2面2線ホームだったが、利用者数が予想を超えたため、すぐに1線が増設された。これにより2006年から2面3線で運用されている。

昼間帯に発着する列車は、通常ダイヤでは「ミュースカイ」・特急・準急が1時間に2本ずつ、計6本である。「ミュースカイ」は名鉄名古屋〜空港間と新鵜沼〜名鉄名古屋〜空港間の列車が交互に走る。特急は名鉄岐阜〜名鉄名古屋〜空港間の運転である。準急は犬山方面と空港を結び、常滑駅で常滑以北の普通と接続している。ラッシュ時にはこの普通が空港駅まで乗り入れる。

空港ターミナルには飲食店・見学施設・大浴場などがあり、ターミナルの周辺ではイベントやコンサートも開かれる。この空港は空のテーマパーク的な施設として、幅広い誘客に努めているのである。そのため旅行者以外の来訪も多く、従業員の通勤ラッシュもあり、改札口に近い車両は、しばしば非常に混雑する。

海外からの利用者も多い中部国際空港駅。係員と対話することで旅行者に安心感を与える。

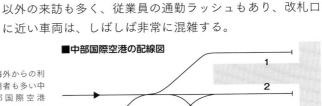

■中部国際空港の配線図

至 常滑

1
2
3

---

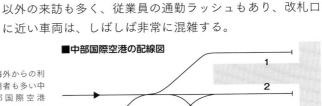

用語解説

高速船
[こうそくせん]

通常の船舶より速く航行できる船舶の総称で、ホバークラフト・水中翼船・ジェットフォイルなどがこれに含まれる。中部国際空港アクセスの高速船は、津エアポートラインが三重県津市と伊勢湾を横断して、1日6往復、所要45分で結んでいる。

# MEITETSU **37**

## 》》》 3線が集結する、城下町の玄関駅 犬山線／広見線／小牧線・犬山駅

犬山駅は、幹線1本から支線2本が分岐する駅だが、結節点の役割が大きく、実際には1点から4方面へ線路が延びるイメージである。初めは名古屋から鵜沼・下呂方面への途中通過地に過ぎなかったが、小牧・各務原方面のルートが開けて、ここが旅客流動のハブとなった。観光客の利用も多い。

## 4方面へ線路が延び、多彩な車両が構内を行きかう

犬山駅は、犬山線の終点の新鵜沼へあと2駅という駅である。犬山城を擁する観光地・犬山の玄関駅で、鉄道とバスの重要な結節点となっている。犬山線からは広見線と小牧線が分岐するほか、名鉄岐阜駅と新鵜沼駅を結ぶ各務原線は、実際にはこの犬山駅が折り返し駅となっている。

交通の要所であり観光都市、犬山の玄関である犬山駅。橋上駅のコンコースと地上にはエスカレーターとエレベーターを整備。駅舎にマンションが隣接する。

犬山駅の3面のホームは、新鵜沼駅に向かって、左から1・2番線、3・4番線、5・6番線と付番されている。1・2番線は犬山線の本線で、当駅を途中停車とする列車は、このホームを左側通行で使用する。他の2面は汎用ホームで、小牧線・広見線・各務原線の折り返し列車が、複数の番線を使い分けている。誤乗防止に注意を要するが、昼間のパターンダイヤにおいて、小牧線は3番線を使うことが多い。また、名古屋方面から広見線へ直通する列車は、犬山線の上り線を横断して汎用ホームに入る。

犬山駅には、「ミュースカイ」から普通まで、さまざまな列車が出入りする。車両形式も幅が広く、特急車から一般車までがそろうほか、地下鉄乗り入れルート2本の、すべての車両に入線の機会がある。また、近くに大きな検査場があることから、他線区から回送された車両が体を休めていることも。犬山駅の構内には、名鉄電車とともに歩んだ街を彷彿させるにぎわいがある。

| 開業年 |
| --- |
| **1912年8月6日** |

## 尾北地方の交通の中心で観光客のゲートウェイ

犬山駅ができたのは1912年で、名古屋電気鉄道犬山線の終点として開業した。1925年に今渡線（現・広見線）犬山口〜今渡（現・日本ライン今渡）間が開業、1926年に犬山線が新鵜沼駅まで延伸されたが、両線の分岐駅は犬山口とされた。そのため、犬山は単独の中間駅となったが、1931年に大曽根線（現・小牧線）が開業、犬山駅は初めて分岐駅になった。そして、戦後まもない1946年に広見線がルートを変更、今と同じ犬山駅からの路線となった。

一方、新鵜沼駅から先は各務原鉄道（現・各務原線）が1928年に全通、戦後の1964年に犬山線との直通が果たされた。犬山駅での各線の連携は、これで現在と同じになった。

1985年には構内が島式ホーム2面4線から3面6線に拡大され、橋上駅の施設と東西連絡通路ができた。この大改造は犬山検査場の建設に伴うもので、犬山駅と検査場の間に出入庫線が設けられた。また、新たに東口が設けられ、東口にバス乗り場が整備された。1992年には西口に駅ビルができ、現在の大規模な施設が完成したのである。

コンコースに犬山観光協会の案内所が置かれているのは、観光都市らしい風景だ。

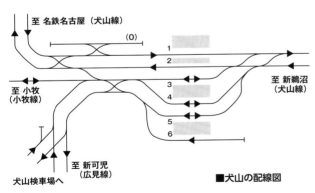

■犬山の配線図

鉄道の結節点であることを示す駅名標。次駅は4方向にある。

**用語解説** 橋上駅［きょうじょうえき］ 駅舎を線路・ホームの上方に設け、線路の両側と跨線橋で連絡する駅。地上駅舎は線路を挟んで表と裏の格差を生じがちだが、橋上駅舎は自由通路との合築で地域の分断を避け、しかも施設を集約して運営できる。利用者には高低移動が必須となるが、その負担はエスカレーターやエレベーターによって軽減される。

# MEITETSU 38

## ≫ JRと接続する頭端式の駅
## 広見線・新可児駅

新可児駅は、可児市の玄関駅である。ここで出合う2路線はローカル線の風情だが、岐阜県南部の東西縦貫ルートに名古屋からの列車がアクセスするため、交通の結節点としての役割が大きい。当駅で運行系統が犬山方面と御嵩方面へ分離され、犬山方面へは名鉄名古屋へ直通する列車も運行される。

## 犬山方面へは毎時4本、御嵩方面へは同2本が発着

　新可児駅は、犬山と御嵩を結ぶ広見線の駅である。可児市の中心・広見地区の玄関駅で、JR太多線（多治見～美濃太田間）可児駅に併設されている。

　バスターミナルやタクシープールを兼ねる駅前広場から見ると、太多線可児駅は西、名鉄新可児駅は北にある。名鉄の駅舎に入ってみると、線路はすべて北へ延びている。ホームは左右1面ずつで、左（3番線・2番線）

新可児駅は頭端式で、犬山～新可児間と新可児～御嵩間の発着ホームは分離されている。写真左が御嵩行きホームで、手前に中間改札が設けられている。

は犬山方面、右（内側＝不使用、外側＝1番線）は御嵩方面乗り場である。すなわち、全体で頭端式2面3線のレイアウトになっている。

　現在の広見線内では、列車は犬山方・御嵩方とも当駅で折り返す。基本的に、犬山方面は毎時4本（うち2本は名古屋方面へ直通）、御嵩方面は毎時2本の運転である。なお、名古屋方面との直通列車はかつて御嵩駅へも直通し、犬山駅と新可児駅で2度の方向転換を行っていた。

　広見線を通しで利用する人は、駅舎近くの中間改札を通り、精算をしてから先のホームへ進む。この乗り換えは

■新可児の配線図

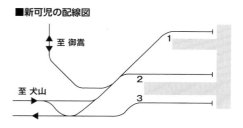

至 御嵩

至 犬山

駅前はロータリーになり、バスターミナルも兼ねている。
JR太多線可児駅舎は写真の左手に位置する。

JR太多線のホームは新可児駅ホームからもよく見える。
キハ75形同士がすれ違った。

2008年に整備を完了した駅集中管理システム（駅の自動改札化）導入の際に取り入れられた。新可児～御嵩間は閑散区間で、運賃収受の完全な自動化は見送られたのだ。その結果、この駅が新旧システムの境界になったのである。

## 太多線の可児駅から分かれて発展

新可児駅は旧広見駅として1918年12月に開業しており、東濃鉄道（新多治見～広見間、軌間762mm）の終点だった。東濃鉄道は1920年に御嵩（現・御嵩口）駅まで延伸されたが、広見以南はまもなく国有鉄道の太多線に、広見駅から先は新会社・東美鉄道に引き継がれた。

1928年には旧東濃の全線が1067mmに改軌され、太多線は美濃太田駅へ延伸、東美鉄道は電化が行われた。1929年には旧名古屋鉄道今渡線が広見線となって広見駅に乗り入れ、1930年、構内の私鉄エリアが新広見駅として独立した。

1943年には今の名古屋鉄道が東美鉄道を併合、これを東美線と改称した。1948年にはその路線名が変更され、犬山～御嵩間は全線が広見線となった。1982年には可児市が発足、新広見駅は新可児駅に名を改めた。

可児駅・新可児駅は隣接しており、JRと名鉄の乗り換えは容易である。広見の町にはビルが並ぶが、新可児駅前は田園の風情で、ゆったりした空気が流れている。

| 開業年 |
| --- |
| **1928年10月1日** |

用語解説 **可児市** [かにし]

有史以来、この地には集落が存在し、古くから窯業が盛んで、明治時代まで美濃焼の主要生産地となっていた。戦国武将の明智光秀の生誕地ともされ、江戸時代には中山道が市内を横断した。名古屋市や岐阜市から30km圏内にあり、近年は名古屋のベッドタウンとして人口が急増する。

>>> ## 本線の要衝、分岐するデルタ線
## 名古屋本線・西枇杷島駅

枇杷島（びわじま）分岐点は、名古屋本線と犬山線を分岐する最も重要な分岐点。複線で平面交差をしているため、一方の線が乱れると他方の線に影響が及ぶ。さらに運転本数が名鉄の中で最も多い。この最重要分岐点を管理するのが西枇杷島駅で、見た目はコンパクトな駅だが、役割は極めて重要である。

## 2021年に大きく姿を変えた西枇杷島駅

　名鉄名古屋駅からわずか3つ目の駅で、庄内川を渡った直後にある西枇杷島駅はかつてはこじんまりした待避線を持つ2面4線の駅であった。上下線とも4両編成がぎりぎり停車できる長さの島式ホームで、ホームには駅名標と黄色い線が目立つ以外は、屋根もベンチもなかった。乗客は線路の南側にある駅舎から構内踏切を通って上下線のホームに上がるが、ホーム幅が狭いために安全上、停車列車が到着する直前に係員の誘導があるまでホームに入ることはできなかった。

　2019年度からこれらのホームの改良と駅舎の建て替え工事が行われた。2019年3月のダイヤ改正で待避線の使用が停止され、のちに撤去された。さらに上下線のホームとも拡幅されて、バリアフリー対応のスロープが設けられた。ホームにはベンチや屋根が設けられ、名古屋方面の上りホームの北側に新たに駅舎が作られた。2021年1月から供用が開始され、これにより構内踏切が廃止されてホームに誘導する係員の配置も必要なくなった。また、新しい駅舎と上りホームの間には下砂杁（しもずいり）信号場につながる線路があるため、ここに構内踏切が新たに設置された。

■西枇杷島駅付近の空撮写真

写真/国土地理院地図・空中写真閲覧サービスに一部加工

以前の瓦屋根の駅舎は撤去され、2021年に新駅舎に建て替えられた、下り線側の西枇杷島駅。駅舎は上り線側にもある。

## 名古屋本線・犬山線の最重要分岐点を管理

西枇杷島駅の重要な役割は、当駅の東側にあるデルタ線の管理であり、特に名古屋本線と犬山線を分岐する枇杷島分岐点の管理を担当していることである。庄内川の手前に設置された枇杷島分岐点は両線が平面交差をするため、名鉄の中で最も重要な個所である。

下りホームから名古屋方を見る。右に延びる線路は名古屋方面、左に折れる線路は犬山線への短絡路である。

西枇杷島駅の岐阜側にはJR東海道本線・東海道新幹線の高架が横切る。東海道本線をJR貨物のEF210形電気機関車が通過していった。

デルタ線は名古屋本線・犬山線、そして連絡線からなり、連絡線は西枇杷島駅の上り線から1本分岐し、さらに分岐と合流を経て下砂杁信号場を通り犬山線に合流している。この連絡線は、名古屋本線が岐阜方面まで開通する以前からあり、もとは津島線と犬山線を結ぶ貨物線として敷設された。

西枇杷島駅は1914年1月に名古屋電気鉄道枇杷島橋（廃止）〜新津島（のちに津島駅に統合）間の開通で設置された。1942年2月、隣に二ツ杁駅が開業し、近接する枇杷島橋に挟まれた西枇杷島駅は1944年に貨物駅となった。1949年8月に枇杷島橋駅が廃止されて枇杷島分岐点となると、貨物駅だった西枇杷島駅で旅客営業が再開した。待避線も設置され、この時に下砂杁信号場が西枇杷島駅に統合され、これ以降はデルタ線全体を西枇杷島駅が管理している。準急停車駅の時代もあったが、1987年11月以降は普通のみの停車駅となっている。駅の改良工事により待避可能駅の役割を隣の二ツ杁駅に譲り、2面2線の駅となったが、近代的に改装されて今後も駅としての役割は担い続けて行く。

開業年
**1914年1月23日**

用語解説

庄内川
[しょうないがわ]

岐阜県恵那市を水源に、愛知県北西部を流れ、伊勢湾に注ぐ一級河川。全長約96kmで、名古屋の旧市街地を洪水から守るため、庄内川の外側に遊水池・放水路などが整備されている。鉄道は名鉄名古屋本線のほか、愛知環状鉄道、JR中央本線・関西本線、近鉄名古屋線が鉄橋を渡している。

# MEITETSU 40

## ガイドウェイバス接続や地下鉄が乗り入れる 特徴的な駅 ア・ラ・カルト

名鉄の特徴的な駅のうち、ここでは大曽根駅と上小田井駅を採り上げる。大曽根駅は日本でここだけのガイドウェイバスが発着する駅でもある。上小田井駅は犬山線と名古屋市営地下鉄鶴舞線との接続駅で、ここから地下鉄経由で豊田線〜三河線を結び、本線のバイパスの役割を果たしている。

大曽根駅の東側に名古屋ガイドウェイバスの駅がある。ガイドウェイバスは大曽根駅に到着後、左側にあるロータリーを回って始発便となる。

ガイドウェイバスの案内桁。車両はこのような軌道を走行する。案内桁を走行中は、運転士はハンドル操作をすることなく、速度を守りながら安全に運行する。

## 名古屋ガイドウェイバスがアクセスする大曽根駅

　全国で唯一の名古屋ガイドウェイバスは、瀬戸線大曽根駅が接続駅となっている。ガイドウェイバスとは、バスに取り付けられた案内装置に誘導されて専用軌道を走行する仕組みで、誘導されている間の運転士は、ハンドルを操作する必要がない。

　設備は地下鉄などより低コストで造ることができ、バスは一般道も走行できる。これらの利点を採り入れて、大曽根駅から鉄道の空白地帯である名古屋市北東部を結ぶ「ガイドウェイバス志段味線」として2001年3月に開業した。大曽根〜小幡緑地間6.5kmがガイドウェイバス区間で、高架の専用軌道を走行する。小幡緑地駅以東はゲートを通って平地に入り、バスはそのまま一般道を走行し、最長はJR中央本線高蔵寺駅まで向かう。日中はほぼ10分間隔で運行され、平日朝ラッシュ時はほぼ3〜4分間隔の頻発運行である。

　名古屋ガイドウェイバスは名古屋市・名鉄・JR東海などが出資する第三セクター方式で運営され、「ゆとり」と「ストリート」を合わせた造語の「ゆとりー

とライン」の愛称が公募で付けられた。

　高架下の道路は朝夕の通勤時間帯を中心に混雑が激しいが、高架上を走る「ゆとりーとライン」は定時運行が確保され、砂田橋・名古屋ドーム前矢田・大曽根の各駅で名古屋市営地下鉄名城線などに乗り換えられる便利さから、近年、利用者が増加している。

## 名古屋地下鉄と接続する上小田井駅

　上小田井駅は、犬山線と名古屋市営地下鉄鶴舞線との相互直通運転接続駅としての役割を持つ。前身は平田橋駅で、犬山線の高架化工事に合わせて1991年10月に現在の場所に移設され、上小田井駅に改称された。

　犬山線と接続する鶴舞線は、犬山線の混雑緩和策として計画されたことに始まる。1972年10月

上小田井駅の内側ホームは地下鉄鶴舞線直通用。当駅で名鉄と名市交の乗務員が交代する。

30日付けで名古屋市と名鉄が「3号線（鶴舞線）、犬山線、豊田新線の3線相互直通運転」に関する協定を締結し、20年以上かけて実現した。

　駅は高架駅で、2面4線の線路配置で犬山線の下り線から順に1〜4番線となっている。内側2・3番線は鶴舞線経由の列車が発着。線路は犬山線が鶴舞線を挟み込む形で配置され、当駅の南側で鶴舞線が犬山線の上り線をくぐる構造となっている。駅北側の新川橋梁部には引上線があり、当駅止まりで鶴舞線を折り返す列車は2番線から引上線に入り、折り返して3番線に入る構造となっている。

　1993年8月に鶴舞線が上小田井駅まで全線開通し、同時に犬山線との相互直通運転を開始した。鶴舞線列車は犬山駅まで乗り入れ、一部の列車は犬山線内で急行となる。なお、鶴舞線の東側はこれまで通り、赤池駅から豊田線〜三河線経由で、普通として豊田市駅まで乗り入れている。

---

**用語解説**

### 赤池駅
[あかいけえき]

名古屋市営地下鉄鶴舞線と名鉄豊田線が接続する地下駅で、1978年に鶴舞線の駅として開業。翌年、豊田線と相互直通運転を開始した。名市交が管轄することから、地上の入口には名市交のマークが掲げられ、あわせて「名鉄」の文字が刻まれている。日進市に位置し、名古屋市営地下鉄では唯一、名古屋市外にある。

## MEITETSU COLUMN

# 駅務を軽減する施策

## 無人駅の改札を便利にする「駅集中管理システム」

名鉄は駅集中管理システムを導入し、小駅や無人駅にも自動改札機・自動券売機を設置して、省力化を実現した。

　名鉄には利用の少ない駅が多く、大手私鉄の中では無人駅の数が多い。そのため、かつては乗務員による運賃収受の機会が多かったが、2000年代の半ばに「駅集中管理システム」が導入され、無人駅でも自動発券・自動改札ができるようになった。

　このシステムでは発券・改札・精算・集札を自動で行うほか、精算機にはインターホンと、カメラ付きの小テーブルが併設されている。そして、出場できないきっぷの利用者は、管理駅の職員とインターホンで話し、カメラできっぷを見てもらい、差額を支払って、遠隔操作で精算券を受け取る。

　このシステムによる省力効果は非常に大きく、無人駅への導入とともに、有人だった駅を無人化することも行われた。また、出入口の増設が簡単にで

きることから、ホームと駅外を最短で結んで、構内の階段歩行を不要にすることも行われている。

　一方、利用者の特に少ない路線では、このシステムは過大な投資となるおそれがある。そのため、蒲郡線と広見線新可児〜御嵩間では導入を見送られ、運賃の支払いは原則として車内で行われている。ただし、無人駅には券売機のみ設置という例もある。

駅事務室に設置された駅集中管理システム。

# CHAPTER 4 第4章

# 名古屋鉄道の
# 車両がわかる

名鉄電車を象徴するスカーレットは、7000系パノラマカーから始まった。今では白地に青色を配した特急車のほか、一般車に銀色を活かしたステンレス車が登場しているが、依然としてスカーレットは名鉄のイメージカラーである。本章では2000系・2200系・1000系の特急車、3300系・3500系・6000系などの現役車両を紹介。さらに往年の名車を解説する。

## 7000系を継ぐ前面展望車 1000系・1200系・1800系「パノラマsuper」

名車「パノラマカー」の後継として1988年に登場した1000系「パノラマsuper」は、運転席と客室の位置を逆にしたようなハイデッカー前面展望式を採用した。4両編成の座席指定特急専用車1000系、特急用一般席車1200系、一般車の増結車1800系など、多彩な顔ぶれである。

## パノラマカーの後継として名鉄の"顔"を継ぐ

1000系は、7000系パノラマカーの後継車両として1988年に登場した。塗色は白を基調に赤帯を配したデザインである。4両編成の全車座席指定車（1999年以降は特別車）で、特急専用車として1997年まで21本が製造された。展望室はハイデッカー構造で「パノラマsuper」の愛称板が前面に掲げられた。

一般席車（1999年以降は一般車）を併結する場合は他形式を使用したが、連結面が非貫通のため誤乗の際は移動ができなかった。また、他形式併結では120km/h運転ができないため、1000系用の一般席車1200系を6本製造し、1991年から1000系2両＋1200系4両の6両貫通編成に組み換えることになった。1200系は転換クロスシートの3扉車で、乗降扉周辺には折り畳み式補助椅子を設けている。4両編成の1000系は2両ずつに分割され、展望車・座席指定車は豊橋側2両で統一、岐阜側の2両は方向転換された。1000系に車掌室、1200系にトイレ・洗面所があるA編成と、1000系にトイレ・洗面所、1200系に車掌室があるB編成の2種類が6本ずつ造られた。

また、1991年と1996年に増結車1800系が2両編成で9本登場。1200系と同

新カラーに変更された「パノラマsuper」。豊橋方に1000系が2両、岐阜方に1200系が4両連結されている。

1000系・1200系の増結編成とした誕生した1800系は、2両編成というコンパクトさを活かして支線運用にも就く。

1000系は特別車（座席指定車）で、先頭車はハイデッカータイプの展望席になっている。座席は展望席を除き、回転式リクライニングシートが並ぶ。

車体カラー変更前の1000系。前面や側窓の上下に配色された赤色はシャープなデザインで、現在の車体カラーとずいぶん印象が異なる。

じ仕様で、増結および普通列車としての単独運転も可能だ。

## 機器転用車と1000系車両のその後

　1992年に1000系列の車体に、7500系の主要機器を転用した車両が登場した。6両編成と2両編成が3本ずつ造られ、6両編成に組み込まれる特別車が1030系、一般車が1230系、2両編成の一般車が1850系とされた。6両編成の1030系＋1230系はB編成タイプのみで、1030系のみの4両編成はない。

　翌年に6両編成が1本追加されたが、2002年の事故で特別車2両を失った。残った1230系は、モ1384に運転台が取り付けられ、4両編成の1380系となった。この編成は1本のみの異色の存在で、塗色はスカーレット単色となり異彩を放ったが、2015年に活躍を終えた。他の機器転用車もこの年から2019年までに全車が活躍を終えている。

　1000系のうち全車特別車の4両編成は2008年から翌年にかけて運用を終了し、5000系に主要機器が転用された。6両編成に組み換えられた1000系は1200系の一員となり、2015年からリニューアル工事が始まり、2018年までに全車が完了した。外観はスカーレットの部分が多くなった。前面の愛称表示器は展望車側がLEDの種別行先表示器に変更され、一般車側は白く塗られた。1800系は2017年からリニューアル工事が始まり、1200系と同じ内容で2019年までに全車が完了している。

| 用語解説 | B編成 [びーへんせい] | 1000系はもともと4両編成の全車特別車編成だったが、特急政策の変更で特別車を豊橋方2両とし、現在に至っている。この際に特別車の方向転換をしなかった編成をA編成、方向転換をした編成をB編成と呼ぶ。A編成は2号車に車掌室、3号車にトイレ・洗面台があり、B編成は逆に2号車にトイレ・洗面台、3号車に車掌室がある。 |
| --- | --- | --- |

## 海外と中部地方を連絡する特急専用車 2000系「ミュースカイ」

名古屋〜中部国際空港間を最速28分で結ぶ名鉄の看板列車。「ミュースカイ」の愛称は、特別車の愛称「μ（ミュー）」に中部国際空港から連想する「空（スカイ）」を合わせた。白を基調に青を取り入れた車体は「海の透明感、雲の白さ、空の青さ」をイメージした。

現在の名鉄のフラッグシップトレインは、全車特別車の2000系ミュースカイ。前面のロゴが中部国際空港アクセス特急専用車であることを示している。

## 2000系だけが持つ優れた走行性能

　2000系は1600系を基本に開発された車両で、2004年5月に登場。3両編成10本が製造された。2005年2月の空港開港より一足早い、1月のダイヤ改正から快速特急や特急で営業を開始した。

　車体は白を基調に排障装置（スカート）と乗降用扉の周囲を青とし、前面は黒の上を透明のポリカーボネートで覆っている。前面は貫通形で、シルバーメタリックの両開きプラグドアの中に半自動幌連結装置を備えている。貫通扉と先頭車の側面には中部国際空港の愛称である「centrair（セントレア）」のロゴが書かれ、中間車モ2050形の側面には2000系のエンブレムが描かれる。

　1600系から車内設備などを継承したが、最大の特徴は曲線で空気ばねを制御し、車体を最大2度傾斜させる車体傾斜制御である。同時にパンタグラフも離線しないように制御し、曲線の通過速度を他の車両より5〜15km/h向上させて所要時間を短縮する。

　この技術は1600系の第1編成に装置を搭載し、検討を重ねて実用化された。1600系の車体幅が1000系より40mm狭い2700mmとなっているのは車体傾斜のためであり、2000系にもこの車幅が採用された。車体傾斜制御により、2000系だけが神宮前〜中部国際空港間の所要時間を他の車両よりも約2分短縮する。

## 空港開業後の利用客増加への対応

　中部国際空港は予想を上回る利用状況が続き、「ミュースカイ」も2000系を2本連結して6両編成で対応した。しかし利用客の多さから2006年にモ2150形を新製して増結。10本すべてが4両編成化された。同年に増備車として4両編成が2本登場し、4両編成の12本体制が整った。

　増結にあたりトイレの位置は編成の中央になるよう、増結車の位置が3号車に決められた。また、モ2050形のパンタグラフが増結車のモ2150形に移設された。車内も改造され、座席背面のテーブル固定用ラッチはチケットホルダー兼用に交換。車椅子対応用以外の1人掛け座席は撤去され、荷物置場を設置。座席が撤去された窓は埋められず、カーテンを下ろしたままとされた。

　2000系は3両編成でシステムが完成しているため、増結車は単独の電動車となった。モ2100形・モ2050形はそれぞれ3基の主電動機を搭載し、モ2100形にある1台の制御器で操作する方法で、MT比率は1:1である。これを守るため、増結車は岐阜側の台車を付随台車、豊橋側の台車に主電動機を搭載し、新たに別の制御器で操作している。他の3両とはシステムが独立しているため、補助電源装置、空気圧縮機、バッテリーなども増結車に搭載されている。

中部国際空港駅の1番線はミュースカイ専用ホーム。キャリーバッグを携えた人が次々乗り込んでいく。

海外旅行客向けの大型荷物置場が客室内に設けられた。

### 用語解説　MT比率 ［えむてぃーひりつ］

編成に占める動力車の割合。モーター車（M車＝動力車）とトレーラー車（T車＝付随車）の頭文字からとられ、4M2T、3M3Tなどと表す。Mの数が多いほど編成出力が高く、勾配の多い路線を走る列車はM車の比率が高くなる。一方、T車の数が多いほど、製造コストが抑えられる。

## 空港アクセス特急にも運用される 2200系、1700系＋2300系

2200系は空港線でも活躍する一部特別車の特急車。車体は全て鋼製で、前面形状と豊橋側2両の特別車は2000系、岐阜側4両の一般車は3300系を基本とする。2000系は白色を基調に青色を使用するが、2200系は伝統のスカーレットで、対照的だ。

2200系は2000系とほぼ同じデザインながら、カラーリングが異なる。豊橋・河和方の2両が特別車、そのほかは一般車である。

## 空港アクセス特急として活躍中

2200系は、2004年に2000系とともに空港線の開業に合わせて登場した特急車で、豊橋方2両が特別車、岐阜方4両が一般車の6両編成である。2006年までに9本が製造された。

2015年から1030系の代替車として製造が再開され、2019年までに4本が登場した。従来車とは塗色が異なり、特別車に描かれた号車を表す大きな数字は、この4本では描かれず、側窓の下にスカーレットの帯が追加された。これに合わせて従来車も塗色が変更されたが、2号車側面の2200系エンブレムは変更後も取り付けられている。

車体幅は車体傾斜装置がある2000系と同じだが、同装置は省略されている。前面は非貫通式で、中央にシルバーメタリックで貫通扉のような塗装がされ、塗装部分の上部はマジックミラーのような窓が設けられたが、のちに透明化された。

特別車の車内は2000系と同じ構造だが、一般車は製造時期により異なる。

2004～2005年に製造された1次車は、3300系と同じく2人掛け転換クロスシートとロングシートが乗降扉間ごとに交互に並ぶが、2007年以降に製造された2～5次車は横2＋1列配置の転換クロスシートとし、通路を広く確保している。

## 1600系を改造した1700系＋2300系

　2000系を除く全車特別車の特急が運行を終了したため、全車特別車で3両編成の1600系は2両を改造して1700系とし、一般車は2300系の4両を新造して組み合わせ、一部特別車の6両固定編成とした。2008年に4本が登場し、2200系と共通運用が組まれた。

　特別車1700系の車内は2200系に合わせて一部の座席を撤去して荷物置場の追加などの改造が行われた。一般車は2300系の30番代と区分され、増備車と同じく、クロスシート部分は横2＋1人掛けの転換クロスシートとなっている。

　塗色は白を基調に前面は黒と銀、屋根の肩部および乗務員用扉周囲とスカートはスカーレットで登場した。2015年に塗色変更され、白を基調に屋根の肩部および前面窓より上部、スカートはスカーレットに、側窓と前面窓の下に同色の帯が巻かれた。2号車の側面には、1700系を示すエンブレムが取り付けられた。2021年までに1700系は活躍を終え、代替車として2200系特別車が同数製造され、2300系30番台と編成を組んで活躍している。

1700系に改造された当初は、2200系に似た黒色の前面にシルバーメタリックの貫通扉が付く塗色をまとった。

2015年の塗色変更で、前面は白色が基調になり、元の1600系に近い雰囲気に。2200系の一般車と編成を組む。

---

## 用語解説 車体傾斜装置 ［しゃたいけいしゃそうち］

カーブを速く駆け抜けるため、車体を傾けて遠心力を小さくする機構として振り子式がある。自然振り子式は、車体と台枠の間にコロを設けて車体を傾ける構造だが、通常の車体構造で、台車の空気ばねを加減して車体を傾けるのが車体傾斜装置である。振り子式ほど複雑にならずに相応の効果が得られるため、新幹線から特急まで、JR・私鉄各社で採用例が増えている。

# 前照灯・標識灯の形状が独特で印象的 9500系・9100系

最後のSR車5300系・5700系が引退するのに合わせて登場した車両が9500系である。2019年に4両編成が製造され、翌2020年に2両編成の9100系も登場した。9500系・9100系はこれまで増備が続いていたステンレス車3300系・3150系通勤電車の後継車で、いずれもロングシートの3扉車である。

## 3300系をベースに開発

コンセプトは「お客さまサービスのさらなる向上」「インバウンド対応の充実」「安全性の強化」「省エネルギー化の推進」で、新系列のふさわしい内容となっている。3300系をベースに、編成は9500系が豊橋方からTc＋M＋T＋Mc、9100系が同Tc＋Mcとされた。

車体はレーザー溶接を採用、ひずみの少ない美しいステンレス外板とし、前部を鋼製とすることで保守性を向上させている。外観では前面の灯火の配置が大きく変わったのが特徴である。斜めに配置されたLEDの前照灯や、その外側に円弧状に配置された標識灯は、ひと目で9500系・9100系とわかる。

また、黒色とスカーレットを使った前面の塗り分けも変更された。スカーレット部分は前面の天井や乗務員扉後部あたりまで広がり、黒色部分は排障器（スカート）と連結器の境目が斜めになっているのに合わせて、前面窓枠から灯火類の端を塗り分け線のガイドとして、斜めに連続するようなデザインとなっている。なお、前部は塗

名鉄の最新型車両である9500系・9100系は、日車式ブロック工法を用いて製造された。前照灯・尾灯のデザインが特徴的。

装仕上げ、乗務員扉及び車体側面の帯はラッピングを採用した。

乗降扉は幅1,300㎜の両開きで、戸閉め装置にはラック・ピニオン型電気式ドアエンジンを採用した。

## 増備が続いている最新の通勤車両

走行機器はVVVFインバータ制御機器の半導体素子にSiC（炭化ケイ素）を採用した。素子の発熱の低減と耐久性のよさから、機器の小型化と省エネルギー化・省コスト化が実現している。また、主電動機は塵埃（じんあい）が入らず長期間保守が不要の全閉外扇誘導電動機を採用し、保守費用を低減している。

新たに導入した車両状態監視システムは、車両情報管理

2021年6月26日に、河和線開業90周年を記念して2000系＋9500系の記念編成が、名鉄名古屋～河和間で運行された。9500系は異編成との併結も可能だ。

装置（TICS）、情報送受信装置および地上装置で構成され、車両故障発生時にはリアルタイムで故障記録、車両の状態を確認することが可能となった。

車内は白を基調とし、天井中央などにライトブラウンを用いてアクセントとしている。また、全車両に優先座席とフリースペースが設けられ、この部分は一般席の座席や吊革などの色を変えることで、訴求効果を上げている。

サービス面では乗降扉上部の車内案内表示器を4カ国語表示としてインバウンドにも対応した。さらに、防犯カメラが1両あたり3台設置され、セキュリティーの強化が図られている。

3扉車全盛時代の基礎を築いた6000系列の代替車両として、この最新の通勤車両の増備が続いている。

**用語解説**

**SiC**
［エスアイシー］

SiC（炭化ケイ素・シリコンカーバイド）は、Si（ケイ素）に比べて10倍の耐電圧を持つため、同じ耐電圧なら1/10の薄さにできる。また、発生する熱量が小さいため冷却設備を小さくでき、小型軽量化が可能。インバータ電流の入り切りも高速化できるため、省エネルギーも実現できる。

## スカーレット単色からステンレスの銀色車体へ 3300系(3代目)、3150系、5000系(2代目)

3300系・3150系は名古屋本線系で初めてのステンレス車である。2004年から増備を重ねてきたが、2019年度から後継の通勤車両9500系に新造が移行している。5000系はステンレス車体だが走行装置は1000系の主要機器を転用した車両である。

3300系は本線系のステンレス車。従来の鋼製車とも併結運転が行われている。

## 本線系初のステンレス車

　3300系・3150系は7500系の代替や、2005年に控えた中部国際空港開港による乗客の増加に備えるため、2004年に登場した3扉通勤車である。3300系は4両編成、3150系は2両編成で、2018年度までに3300系15本、3150系22本が製造されている。主要機器は2000系・2200系と同じで、車両情報管理装置(TICS)を搭載している。

　車体は2002年に登場した300系の製造技術「日車式ブロック工法」を取り入れたステンレス製で、車体長は本線系に合わせて18m級となっている。前頭部は修繕のときに加工しやすい鋼製で、ステンレスの色に近いシルバーメタリックで塗装されている。前面の貫通扉はやや車掌側に寄せて配置されている。側窓は乗降扉間が2連固定窓で、車端部が換気用に上部を内側に開閉できる。

　側窓下には太く、前面窓下には細くスカーレットの帯が入る塗色だったが、近年は前面の下半分をスカートまでスカーレットで塗装し、前面窓下をダークグレーにする塗色に変更された。

車内はクロスシートが復活し、ロングシートと交互に並ぶ配置となったが、増備の途中からロングシート車に変更されている。なお、3300系のうち3306編成のみは瀬戸線で使用されている。

## 1000系の主要機器を転用した5000系

2008年12月のダイヤ改正で、特急の運行方式が空港特急の2000系を除いて一部特別車または一般車の編成のみとなった。そこで、廃車となった全車特別車の1000系から主要機器を使用して、2008年に5000系が登場した。4両編成で翌年までに14本が製造された。

主電動機は150kWの直流複巻電動機で、制御方式は界磁チョッパ。回生ブレーキ付きの電磁直通ブレーキを備えている。台車は製造時期が異なることから5009編成までがボルスタ付き、5010編成以降がボルスタレスである。

車体は3300系・3150系とほぼ同じ構造。前頭部は1000系の運転台を転用した関係で機器が大きく非貫通式となっているが、将来、運転用機器の交換などで空間が確保できた時は貫通式にできるように準備されている。また、床構造も異なり、直流モーターを使用しているため床面に点検蓋が設けられている。

制御方式とブレーキ方式は1000系と同じであり、前面窓下から乗務員室扉にかけて細い帯を入れ、その下の前照灯周囲には太い帯を入れて他のステンレス車と異なることを明示している。

車内は全編成ともロングシートで、3150系などにあった運転室後方の折り畳み式座席と荷棚は廃止し、手すりを設けてフリースペースとしている。

1000系の走行機器を流用してステンレス車体と組み合わせた5000系。3300系・3150系の前面には貫通扉があるが、5000系は非貫通である。

用語解説 **日車式ブロック工法**
[にっしゃしきぶろっくこうほう]

日本車輌製造が開発した、軽量ステンレス製鉄道車両を低コストで製造する工法。車両を車端窓・中間窓・側入口などブロック単位に分けて製造し、各ブロックを溶接して車体を組み立てる。各ブロックを並行して作業が進められ、工場内のスペースを有効活用できるなどの利点がある。京王9000系、小田急3000形などに採用実績がある。

# MEITETSU 46

## 通勤車で最後のスカーレット単色をまとった 3500系(2代目)、3700系(3代目)、3100系(2代目)

3500系はこれまでとは全く異なり、新たにVVVFインバータ制御方式、電気指令式ブレーキ、ワンハンドルマスコンなどが取り入れられた車両である。車体は3100系が通勤タイプの最後の鋼製車となり、スカーレット塗装の最後を飾った。以降はステンレス製車体となっている。

3扉・4両編成で、シリーズの基本形となる3500系。向かって右の前照灯の上に「ECB」ロゴが付く。

VVVFインバータ制御車3500系列の2両編成バージョン、3100系。増結での運用のほか、単独で普通列車としても運行される。

## 6500系の車体を引き継ぐも、性能は別格

　3500系は1993年に登場した3扉通勤車で、1996年までに4両編成34本が製造され、名鉄の主力車両となった。スカートが取り付けられたため、ベースとなった6500系とは印象が異なる。

　最大の特徴は名鉄初採用となる機器類で、VVVFインバータ制御装置、三相かご型誘導機、電気指令式ブレーキ、ワンハンドルマスコンなど、搭載機器類が一新された。このため従来の車両とは連結できないが、以降の標準車両となった。VVVFインバータ制御装置はGTO素子を用いて主電動機を制御。主電動機は保守が容易な交流モーター三相かご型誘導機で、在来車より高出力の170kWを発揮する。この性能と二段増圧ブレーキ、滑走防止装置や耐雪ブレーキなどを装備して120km/h運転を実現した。

　電気指令式ブレーキは運転台からブレーキ配管などをなくし、電気指令で直接操作して応答機能を向上させたブレーキ装置である。右側の前照灯の上部には、これを示す「ECB」ロゴが付く。マスコンはT形ワンハンドルで、機器の操作性

が向上している。車内はロングシートで、着席人数を減らして客用扉横の立席面積を増やしている。また、車内の貫通扉上部には名鉄の通勤車で初めてLED式車内案内表示装置が設置されている。

## 客室空間が拡大され座席数も増加

3700系は、3500系の増備車として1997年と翌年に4両編成5本が製造された。集電装置は名鉄で初めてシングルアーム式パンタグラフが採用され、車体の形状が大きく変更された。車体断面の形状は曲線から直線となり、屋根が高くなり断面積が大きくなった。側窓の高さや乗降用扉の高さも拡大し、車体長が延びたことで連結間隔は縮小された。客室内は広くなり、乗降用扉横まで座席が延び、座席数が増加した。1998年度分の2次車は前面窓の位置が高くなり、側面の種別・行先表示装置は天地方向に拡大された。

3100系は3700系の2両編成仕様で、1997～2000年に23本が製造された。新造された通勤用鋼製車両では最終形式となる。この形式からVVVFインバータ制御装置が改良され、IGBT素子に変更された。2000年に登場した最終増備車の4編成は、前年に造られた特急車1600系を反映して運転台が改良された。通勤車で初めてワンハンドルマスコンが右手操作型となり、運転台にタッチパネル式の液晶モニターが設置された。連結部には転落防止幌が新製時から装着され、側窓のカーテンはフリーストップ式に改められている。

3100系の客室。袖仕切りは2段に分かれ、日除けは巻き上げカーテンを採用する。

3100系の運転台はワンハンドルマスコン。計器類はアナログメーターである。

**用語解説 VVVFインバータ制御**
［ぶいぶいぶいえふいんばーたせいぎょ］

Variable Voltage Variable Frequencyの頭文字で、可変電圧可変周波数制御と訳す。交流電動機を動かす電源をインバータにより任意の周波数と電圧で発生できる。1970年代から試作が始まり、1982年以降、徐々に採用が広がった。現在、新製される電車の多くが、本制御方式である。

# 名鉄最多勢力を誇った 6000系、6500系、6800系

6000系は、ラッシュ時の輸送力強化のため1976年に登場した通勤用車両である。1992年まで増備が続き、制御方式の変更に合わせて形式が変更された。抵抗制御車が6000系、界磁チョッパ制御車が6500系、界磁添加励磁制御車が6800系である。

## 両開き3扉でラッシュ時に輸送力を発揮

　6000系は、ラッシュ輸送用の切り札として1976年に登場した。名鉄初の両開き3扉車で、翌年に通勤用として初めて鉄道友の会ブルーリボン賞を受賞した。製造は1985年までで、4両編成・2両編成がともに26本ずつ製造された。

　これまで名鉄の新性能車は全電動車だったが、6000系では主電動機出力を倍の150kWとして電動車（M）と付随車（T）のMT比を1：1とした。製造費と維持費を下げるこの方式は、機器流用車などを除き以降の通勤車に採用されている。

　前面は7700系の中央の前照灯を行先表示器に変更した貫通形と、6500系と

6000系列の前面・側面バリエーション。左上：貫通型・固定式連続窓の6000系初期車。右上：貫通型・3枚独立窓の6000系中期車。左下：非貫通・3枚独立窓の6500系初期車（写真）、6000系後期車、6800系初期車。右下：前面が2枚曲面窓で3連続窓風の6800系後期車（写真）、6500系後期車。

同じ非貫通形の大きく分けて2種類がある。側窓は乗降用扉間が固定式の2枚連続窓と上昇式の3枚独立窓があり、前面と側窓の組み合わせは製造時期により3種類にのぼる。

中央扉を境に一方向を向いた集団離反式の小型クロスシート。

　また、6000系の瀬戸線仕様として6600系が1978年に登場した。2両編成が6本造られ、6000系にはないスカートが取り付けられた。非冷房車で側窓はユニット式の2枚窓だったが、後に7000系から流用した機器で冷房化された。

　6000系は1995年以降に改造を受けて瀬戸線に転属した車両や、1997年以降にワンマン改造された車両もあり、名鉄では現役最古の抵抗制御車である。

## 制御方式の異なる6500系と6800系

　抵抗制御車の6000系に代わり、1984年から回生ブレーキ付きGTOサイリスタ界磁チョッパ制御車の6500系が、4両編成のみ24本製造された。前面は非貫通型で、幅広な前面窓の下にエッチング加工したステンレスの飾り板を設け、上部はライトグレーで塗装された。側窓は上昇式3枚独立窓で、一部の製造分は運転室後方に固定式の窓が設けられた。なお、1984〜85年に6500系と同じ車体の2両編成が製造されたが、抵抗制御車のため6000系となった。抵抗制御とされたのは、当時、閑散線区に回生ブレーキ装備車は不向きだったためである。

　その後、1987年から回生ブレーキ付き界磁添加励磁制御・2両編成の6800系が39本製造された。6500系と6800形は同じ車体で製造され、1989年製造分以降の前面は、非貫通型で左右に大小2枚の曲面ガラスを用いた形状となり、側板は3枚が連続窓のように見える一部下降窓となった。なお、6800系の一部は、2011年に尾西線・豊川線のワンマン運転用改造が施された。

　6000系列の座席は、中央扉を境にした集団離反式の小型クロスシートで始まり、改良経て、1991年製造以降はロングシートで落成している。また、クロスシート車のうち、のちにロングシートに改造された車両もある。

| 用語解説 | チョッパ制御<br>[ちょっぱせいぎょ] | 鉄道車両の制御方式の一つ。電源のON／OFFを繰り返すことで、電源から任意の電圧や電流を擬似的に作り出す。1968年に登場し、VVVFインバータ制御が台頭する1990年頃まで私鉄を中心に多くの鉄道車両で採用された。名鉄では6500系で初めて採用された。 |

# MEITETSU 48

## 瀬戸線はこの車両が主力で活躍 4000系

4000系は瀬戸線のみで使用されている車両で、栄町駅乗り入れ30周年に合わせて2008年に登場した通勤用電車である。同線では6600系以来の新車で、車体も制御機器も完全な新造車である。前頭部まで全てステンレス製で、スカーレット単色の普通鋼製車両を置き換えた。

瀬戸線初のステンレス車4000系が2008年に投入され、現在は主力となっている。

## ステンレス車体の瀬戸線用新造車

　名古屋の中心地、栄町に瀬戸線が乗り入れを開始して、2008年に30周年を迎えた。これに合わせて瀬戸線専用に3扉ロングシートの4両固定編成の通勤電車4000系が1本登場した。2014年までに18本がそろい、瀬戸線の車両が4000系に統一された。

　その後、小幡〜大森・金城学院前間1.9kmの高架工事に伴い、瀬戸線の線路が仮線に移ったことから所要時間が延び、車両不足が見込まれた。そこで3300系3次車4両編成1本（3306編成）が2016年から瀬戸線に投入されたが、2023年度の工事完成後は名古屋本線に転出する予定である。

　4000系は、名古屋市営地下鉄上飯田線乗り入れ用の300系と、名古屋本線用の3300系を基本に製造された。車体は日車式ブロック工法で造られている。車両検査およびメンテナンスを担当する尾張旭検車支区は住宅地に立つことから、周辺環境を配慮して塗装設備を設置しないこととなり、前頭部を含めて全ステン

レス製となった。ステンレスは材質が硬く曲げ加工が難しく、前頭部は直線を多用した独特の形状である。横から見ると前部は「く」の字になっており、角が斜めに削られた形状をしている。

　ステンレス車体のため伝統のスカーレットは側窓下にラッピングの帯として入れられた。前面は窓下に黒色フィルムを貼ったブラックフェイスで、前照灯周囲にもスカーレットの帯、そして前照灯の上部にアクセントとして白線が入る。

## 4000系の集中増備で路線を近代化

　3300系から引き続き、運転室の構造や回生ブレーキ付きIGBT-VVVFインバータ制御装置などが採用されている。

　新採用された技術では、全閉外扇形主電動機とLCD（液晶ディスプレイ）画面などがある。この主電動機は内部に異物や水が浸入しないのが特徴で、保守の軽減や騒音の低下に貢献する利点がある。LCD画面は通勤用電車では初めて全乗降扉の上部に設置され、高解像度15インチ画面に停車駅や乗り換え情報などを表示している。また、車内のバリアフリー対応として、乗降用扉付近の床を黄色として目立たせている。この床の色は以降の新製車両にも採用されている。

　瀬戸線は明治時代に開業した路線で、今でも急カーブが随所に残る。この急カーブへの対応と、保守性の向上、乗り心地の改善を目的にモノリンク式ボルスタ付

台車を採用した。また、防音車輪やスクロール式電動空気圧縮機、低騒音型クーラーを採用して騒音の低下が図られている。

　瀬戸線はこの車両の集中投入で一気に近代的になり、沿線開発と合わせて将来が期待される路線である。

尾張旭駅に並ぶ4000系。瀬戸線は4000系と1本の3300系で統一され、一気に近代的な路線になった。

**用語解説　回生ブレーキ** [かいせいぶれーき]
電車は、電気エネルギーを主電動機（走行用モーター）に入力し、駆動回転力（運動エネルギー）に変換して走行する。逆に車輪の軸回転をモーターに入力すると、発電機として回転抵抗が発生する。これを制動力として発電機から電気を回収し、架線に戻すのが回生ブレーキである。

# MEITETSU 49

## 名古屋市営地下鉄に乗り入れる 100系・200系、300系

いずれも名古屋市営地下鉄に乗り入れる車両で、20m車体・4扉車である。100系と200系は鶴舞線に直通し、鋼製車体・ロングシートの6両編成。100系の初期車は制御機器を更新して活躍を続けている。上飯田線に乗り入れる300系は名鉄初のステンレス車である。

### 名鉄初の20m車体・4扉車

　100系は、豊田新線（現・豊田線）と名古屋市営地下鉄鶴舞線の相互直通運転用に、1978年に4両編成で登場した。終戦直後に運輸省（現・国土交通省）から割り当てられ、短期間で名鉄を去った初代3700系を除き、名鉄初の20m車体の4扉ロングシート車である。前頭窓下の飾り板が印象的で、翌年から豊田新線開業前までは三河線知立〜豊田市〜猿投（さなげ）間で使用され、豊田新線開業後は鶴舞線伏見駅まで乗り入れた。

　豊田新線開業時に用意された2次車までは抵抗制御だが、1989年の3次車は回生ブレーキ付き添加励磁制御に変更された。1991年の4次車は鶴舞線上小田井駅延伸に伴い、豊田線〜鶴舞線〜犬山線で直通運転が予定され、その増備として添加励磁制御器の段数が変更されて100系200番台となった。しかし施設の完成が遅れ、4両編成を2本組み合わせて犬山線のラッシュ輸送に使用された。

　1993年の5次車は先述の直通運転開始にあたり、100系全編成を6両化するための増備車である。M＋Tの2両を中間に組み込む方法が採られ、4次車向けの車両は名鉄初のVVVFインバータ制御となり、添加励磁車の間に組み込まれた。

　1994年に上小田井駅の引上線完成に伴う増備が行われ、全車VVVFインバータ制御の200系6両編成が1本登場した。また2011年から1・2次車の制御装置がIGBT-VVVFインバータに換装されている。

名鉄〜名古屋市営地下鉄鶴舞線直通用は100系6両編成10本、200系6両編成1本が運用される。200系はVVVFインバータ制御で落成したことから、形式変更となった。

## 名鉄の新標準車となる初のステンレス車

300系はロングシートと転換クロスシートを乗降扉間ごとに交互に配置した。先頭車はロングシートが多めである。

小牧線～名古屋市営地下鉄上飯田線直通用の300系は、名鉄初のステンレス車。4両編成8本が在籍する一方、名市交7000形は2本にすぎない。

300系は、小牧線と名古屋市営地下鉄上飯田線の相互直通用に2002年に登場した。翌年に上飯田線が開通して4両編成が8本、犬山～平安通間で運用されている。形式名は名古屋市営地下鉄舞鶴線乗り入れ車の100系、200系に続いている。

中間車は転換クロスシートが多い。カーテンは省略され、側窓はUVカットガラスを採用した。

車両は同じ路線を走る名古屋市交通局7000形との共通設計で、製造は300系、7000形とも日本車輌製造が担当した。

車体は名鉄初の無塗装ステンレス車体で、日車式ブロック工法で製造された。ステンレス車体特有の**ビード**がないのが特徴である。前頭部は加工しやすい普通鋼製でシルバーメタリック塗装をしている。側窓の下に巻かれた帯色は、上に上飯田線のラインカラーのピンク色、下に名鉄を象徴するスカーレットを配する。前頭部の前面窓下から乗務員扉にかけての帯色は、逆に上がスカーレット、下がピンクとなる。

UVカットガラスの窓や運転室のモニターで機器類の状態を監視できるなどの車両情報管理装置(TICS)が名鉄で初採用され、以降の車両にも採用されている。

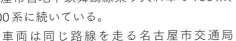

用語解説　　ビード

本来はステンレス板の強度向上に加工する凹凸のことであるが、鉄道車両では車体の強度向上のためではなく、車体の歪みを見せないための加工である。ステンレス板は硬度が高く、溶接による車体の歪みを鋼製車のようにとることが難しいため、ビード加工したステンレス板で歪みを覆うのである。

# MEITETSU 50

## 名鉄が誇る前面展望の名車
## 7000系・7500系・7700系「パノラマカー」

1961年に登場した7000系「パノラマカー」は、運転席を屋根上に配して前面展望室を初採用した車両である。1963年から床の高さを下げて平床化し、走行性能を向上させた7500系が登場。1973年には展望室をなくし、貫通式の高運転台を備えた7700系も登場した。

道路との併用橋だった犬山橋を渡る7000系。座席指定特急車は車体に白帯が巻かれ、白帯車（はくたいしゃ）と呼ばれた。

## 名鉄の知名度を全国区に押し上げたパノラマカー

　運転席を屋根上に移して、日本で初めて前面展望室を設けた車両が7000系「パノラマカー」である。1962年に登場し、初採用されたスカーレット単色の車体色は鮮やかな印象を与えた。冷暖房が完備され、側窓は連続窓の二重ガラス。片開きの2扉車で、座席は戸袋窓を除いて転換クロスシートを備える。展望室は客室が最前部に位置するため、不測の事態に備えて前面には複層ガラスを採用。さらに衝撃から乗客を守るオイルダンパを、腰板部分に設けている。

　名鉄初の空気ばね台車を採用し、2両ユニットの全電動車である。1次車は6両編成3本が製造され、9次車まで合計116両が製造された。最終増備車は通勤対策用に両開き扉となり、乗降用扉の周囲はロングシート化された。

　登場時は特急料金が不要だったが、後に座席確保用に特別料金が必要になり、1977年から特急は座席指定制となった。特急用に整備された車両には1982年から白帯が巻かれ、その後も特別整備が行われた。1000系などの後継車が登場

すると、次第に特急運用から外れ、一般車となって2009年まで活躍した。

なお、1984年に9次車の1編成から2両が抜き出され、貫通型の運転台を取り付けて7100系となり、こちらも2009年まで活躍した。

## 7000系に続く「パノラマカー」の仲間たち

「パノラマカー」の増備が続く中、7000系の性能を向上させた車両として、1963年に7500系が登場した。車体は7000系に似ているが、床面高さが下げられ前面展望室と高さが揃えられ、そのぶん運転台が突出する形となった。新たに定速度制御装置と回生制動が常用となったが、後に定速度制御機能は撤去された。

7500系は1次車として6両編成4本が造られ、最終的に6次車まで72両が登場した。1966年から数年は8両編成だったが、いずれも6両編成に戻された。また、制御方式が他のSR車と異なるため連結ができず、事故復旧対応などで先頭車が不足した場合に備えて先頭車として使用できる中間運転台付き車両が製造された。その後、バリアフリー化工事でホームのかさ上げ工事が始まり、低床式の7500系はホームの高さに合わず、7000系よりも早く2005年に活躍を終えた。

7700系は本線特急7000系の増結用や支線特急用として1973年に登場した。7000系から前面展望室をなくして貫通型の運転台を設けた構造で、車内設備や側窓は「パノラマカー」の設計を引き継ぐ。7500系を除くSR車と連結できることや、当時タブレット閉塞方式が残っている支線があったため、支線から歓迎された。2010年まで活躍し、7000番台の車両は全て活躍を終えることとなった。

7500系は、車体全体の床面が展望室に合わせて低く抑えられ、運転室が突出しているのが特徴。写真/丹羽信男

7700系の前面は通勤車と同様の貫通型だが、側面は7000系の特徴でもある柱のない連続窓を採用する。

## 用語解説

### SR車
[えすあーるしゃ]

名鉄において全金属製車体、カルダン駆動、発電ブレーキ併用電磁直通ブレーキ、転換クロスシートを備えた車両を指す。SRは"Super Romance Car"の略称で、1955年にデビューした初代5000系から始まる。5700系・5300系が最後のSR車であった。

# MEITETSU 51

## 国鉄高山本線に直通したディーゼルカー キハ8000系・キハ8500系

キハ8000系は、名鉄線と国鉄（現・JR）高山本線の直通運転用に1965年に登場した気動車である。直通列車のほか、名鉄線内の通勤特急や富山地方鉄道線内のアルペン特急にも使用された。キハ8500系はその後継で、JR東海キハ85系と同等の性能を有したが、2001年に列車の運転を終了した。

## 準急、急行、特急へと格上げ

　名鉄から国鉄高山本線への直通運転は名岐鉄道時代の1932年に始まり、太平洋戦争中に中断された。その後、乗り入れが復活することになり、1965年に名鉄はキハ8000系を用意した。冷房付きで側面は7000系パノラマカーと同様の連続窓、運転台と走行機器は台車も含めて国鉄キハ58系に準じている。室内は1等車（現・グリーン車）がリクライニングシート、2等車（現・普通車）が転換クロスシートを備え、名鉄で初めてトイレが設置された。エンジンの数や座席の違いにより4形式が造られた。

　準急「たかやま」として神宮前〜高山間で運転を開始し、1966年には急行に格上げされた。以降は運転区間が何度か変更され、1969年に8200系などの増備やグリーン車廃止による格下げ、中間車の先頭車化改造が行われた。1970年には急行「北アルプス」に改称され、富山地方鉄道の立山駅まで乗り入れた。1976年に特急「北アルプス」に格上げされると、運転台の窓下にはキハ82形に似た羽根が描かれるなど塗色が変更された。そして1991年にキハ8500系に交

当初は準急「たかやま」として運転を開始したキハ8000系。キハ58系に準じたデザイン・塗色だが、連続窓に名鉄の意気込みが感じられる。写真/辻阪昭浩

国鉄高山本線を走るキハ8000系。特急「北アルプス」に格上げ後は、車体色もキハ82系に準じた塗り分けに変更された。

代するまで活躍した。

　間合い運用も行われ、名鉄線内の通勤特急や富山地方鉄道の立山〜宇奈月温泉間を結ぶアルペン特急、名鉄線を通らない下りのみ設定された東海道本線経由の名古屋〜高山間の臨時急行「りんどう」などでも運用された。

## 高出力エンジンで所要時間を短縮

　キハ8000系の後継として1991年に登場したキハ8500系は、貫通扉付き片運転台車のキハ8500形4両と、中間車キハ8550形1両が製造された。JR東海キハ85系との併結運転を考慮して、走行性能と運転取り扱い上の操作機器は統一され、繁忙期には特急「ひだ」と美濃太田〜高山間で併結運転が実施された。

鉄道・道路併用時代の犬山橋を走るキハ8500系。高山本線ではJR東海キハ85系との併結運転も行われた。

　車体は鋼製で、名鉄独自の設計となっている。側窓の形状やトイレ・洗面所・車内案内表示装置などは1000系「パノラマsuper」と同じである。床面はキハ85系より75mm高く、キハ85系と連結運転をする際は段差を解消する脱着式スロープを取り付けている。

　座席はシート間隔1,000mmの回転式リクライニングシートを配置。床は二重構造とし、側窓には複層ガラス、客室と乗降用扉の間にデッキを設けてエンジン音の侵入を防いでいる。

　イギリス・カミンズ製のエンジンを1両あたり2基搭載して電車並みの高加速を実現。新名古屋（現・名鉄名古屋）〜高山間の所要時間が最大29分短縮された。名鉄線内では朝と夜に全車指定席特急としても活躍した。2001年に列車の運転が終了し、車両は会津鉄道に譲渡された。

| 用語解説 | 富山地方鉄道 [とやまちほうてつどう] | 戦時中の陸上交通事業調整法に基づき、富山県内の中小私鉄・バス事業者が合併して成立した。現在、鉄軌道線では本線電鉄富山〜宇奈月温泉間、立山線寺田〜立山間、不二越線稲荷町〜南富山間、上滝線南富山〜岩峅寺間と、富山市内軌道線を営業している。1970〜1983年に名鉄から富山地鉄への乗り入れが行われた。 |

# 名鉄初の高性能車5000系、改良車5200系、日本初の大衆冷房車5500系

SR車と称される高性能車のうち、5000系は1955年に最初に登場した形式である。この年は国鉄（現・JR）の名古屋地区が電化されて80系電車が走り始めており、対抗策として投入された車両でもある。1957年に5200系が続き、1959年には冷房車5500系が登場し、サービスが向上した。

## 全鋼製車体・カルダン駆動方式を採用

　名鉄は1950年に吊掛駆動に代わる方式の研究を始め、1954年に3750系のモ3751とモ3752にカルダン駆動装置を搭載して長期試験を行った。この結果を採り入れ、1955年に登場したのが5000系である。

　車体は全鋼製で、航空機の機体構造を取り入れた張殻構造を採用。従来に比べ約5t軽量化された。前面は曲面ガラスを使用した2枚窓で、側窓は上段下降、下段上昇の2段式2連窓である。室内は転換クロスシートで、天井には強制換気用のファンデリアを設置。屋根はモニタールーフが連続している。

　走行機器は中空軸カルダン駆動装置と電磁直通ブレーキ（HSC-D型）を搭載し、台車はアルストムリンク式のFS307が使用された。先頭車と中間車の2両で1ユニットを組み、小型高速主電動機を備えた全電動車のため高加減速性能を誇った。4両編成が5本造られ、中間に5150形を2両組み込んだ時期もあったが、数年で4両編成に戻された。

　車体色は3850系以来のライトピンクとマルーンに始まり、ライトパープル、クリームに赤帯、スカーレットに白帯を経てスカーレット単色となった。更新工事では2連窓がアルミサッシ化されたが、冷房改造されることなく1986年まで活躍し、主要機器は5300系に転用された。

　5000系は好評で、1957年

名鉄初のカルダン駆動車の初代5000系は、航空機に採用されている張殻構造の技術を応用して製造された。写真所蔵/LJM

7月に中間車5150形が2両ユニットで5本造られて5000系に組み込まれ、6両編成化された。台車は軸箱をばねで支持する方式のFS-315に変更。全車集電装置を搭載したが、後に奇数車が撤去された。1964年に5000系から編成を解かれて5200系と組んだ。

## 「大衆冷房車」と呼ばれた5500系

　5200系は、5000系に貫通扉を設けた車両で1957年9月に登場。前面窓はパノラミックウインドウとなり、前照灯が3灯化された。車体長と台車は5150形と同じだが、車体断面が直線化され、側窓は一段下降窓となった。2両編成が6本造られ、後に5本が5150形と組み4両編成化された。更新工事で側窓が2段窓化され、非冷房のまま1986年まで活躍した。主要機器は5300形に転用され、車体は豊橋鉄道に譲渡された。

　1959年、5000系以降の車両を参考に5500系が造られた。特別料金不要では日本初の冷房車で、車体は5200系と類似している。車体長が5000系と同じで冷房装置の設置分だけ屋根が下がり、側窓が2段化されるなどの違いがある。同年4月と12月に合計4両編成が5本、2両編成が5本登場したが、4月分は冷房装置が7台、12月分は8台と設置数に差異がある。更新工事で連結面の窓が埋められるなどの改造が行われ、2005年まで活躍した。先頭部分のみが名鉄で保存されている。

5200系は5000系の貫通型バージョンで、先頭車のみの2両編成6本が製造された。写真/丹羽信男

特別料金を徴収しない列車ながら冷房装置が取り付けられた5500系。「大衆冷房車」と呼ばれ、このサービスは乗客に喜ばれた。写真/辻阪昭浩

**用語解説　ファンデリア**
首を振らない扇風機のような丸型の軸流ファンで、天井に埋め込んで使用する。換気装置の一つで、自然通風機に比べて強制的に換気することができる。また、天井に埋め込む構造のため、扇風機と比べて室内への装置のはみ出しが抑えられ、美観を損ねないという利点がある。

# MEITETSU 53

## 西部線「なまず」と東部線「いもむし」 850系、3400系

1937年3〜5月、名古屋港開港30周年を記念して名古屋汎太平洋平和博覧会が開催された。これに合わせるように、同年2月に西部線用850系、3月に東部線用3400系が登場した。いずれも流線形の車体で個性的な姿から、850系は「なまず」、3400系は「いもむし」の愛称が付けられた。

## 旧名岐鉄道の800形を基本にした850系

　1930年にドイツから始まった流線形のデザインは、1934年に日本でも鉄道省（後の国鉄、現・JR）に導入され、私鉄にも広がり始めた。そこで1937年2月に旧名岐鉄道の800形を基本に、前頭部を流線形とした850系（モ850形＋ク2350形）2両編成2本が登場した。日本車輌製造製で、流線形は1935年に同

850系は、前面窓と乗務員室扉の上にある3本線の装飾から「なまず」の愛称で親しまれた。1958年撮影　写真所蔵/LJM

社で製造された南満洲鉄道の電気式気動車ジテ1形や、樺太庁鉄道のガソリン動車キハ2100形に類似している。

　前面窓は3枚で、アクセントとして左右窓の上部から乗務員扉にかけて3本の線が描かれた。このひげのようなデザインで鉄道ファンから「なまず」の愛称が付けられた。客室は乗降扉間にクロスシートを設けたセミクロスシート車であったが、戦時中にロングシート化された。

　戦後は昇圧改造を受け、1952年から1953年まではモ807・モ808を中間に組み込み、3両編成となった。後の更新工事では客室のステップレス化や戸袋窓のHゴム化などが行われた。また、1965年に「なまず」の由来となった飾り帯が省略され、同年からモ831、モ832が中間に入り、再び3両編成となった。しかし、1969年以降は2両編成に戻り、1988年8月まで活躍した。

# 新技術を積極的に採り入れた3400系

3400系は1937年3月に東部線の特急車として、モ3400形＋ク3400形の2両編成3本が造られた。車体や機器類の設計に新技術が導入された。

車体は流線形で、正面と乗務員扉は曲面ガラスを使用し、側窓は1段上昇式の1枚窓である。連結部は車両全幅に幌を付け、下部はスカートで覆った完全な流線形車であった。客室は全席転換クロスシートで、機器類はローラーベアリングを装備した台車や、東部線で初めての**AL車**の主制御器を採用した。さらに回生制動も採り入れて回生電気の返送用パンタグラフをク2400形に設置した。車体色は濃淡緑のツートンとし、鉄道ファンから「いもむし」の愛称が付けられた。

戦後は1950年にモ3450形、1953年にサ2450形が組み込まれて4両編成になった。車体は先頭車となるべく合うように設計されたが、台車は当時の最良のものが使用された。また、中間車組み込みの際は先頭車の側窓の2段化や、3850系に合わせた塗色変更などが行われた。

1967年から更新工事が行われ、前面窓の3連続化などで印象が変わった。1975年からスカーレット単色となり、1988年には動態保存車両として広見線で運行する先頭車2両以外は引退した。緑のツートンカラー復元や冷房化も行われ、2002年8月まで活躍した。

3400系は、滑らかな流線形と床下全体を覆った姿から「いもむし」の愛称で呼ばれた。乗降用扉の上部が弧を描く凝ったデザイン。4両編成化後の1958年撮影。写真所蔵/LJM

3400系は2002年の廃車になったが、舞木検査場に1両が保存されている。更新工事後の姿のため、左とは細部が異なる。

**用語解説　AL車［えーえるしゃ］**

名鉄において、間接自動加速制御の吊掛駆動車を指す。自動進段（自動負荷制御）を意味する"Automatic Load control"からAL車と名付けられた。HL車は"Hand-operated Load control"、すなわち非自動加速（手動負荷）制御の略称である。

# MEITETSU **54**

## 》》》 戦後初の東西直通車 3800 系と 特急車 3850 系、3900 系

西部線を昇圧して、1948 年 5 月から東西直通運転が開始した。これに合わせて登場したのが 3800 系である。1951 年には戦後初の特急車 3850 系が登場、下がマルーン、上がライトピンクの塗り分けは好印象を与えた。続いて 1952 年に 3850 系とほぼ同じ外観で軽量化タイプの 3900 系が造られた。

## 一時は最大勢力を誇った運輸省規格型電車

　西部線と東部線の電圧が 1,500V に統一され、1948 年 5 月に東西直通運転が始まった。この主力が、運輸省規格型電車の 3800 系である。1954 年 3 月までに 2両編成 35 本と、ク 2836 の合計 71 両が登場した。車両は 2 扉ロングシート車で、車体長は 17m となり、名鉄の基本形 800 系より扉間の窓が 1 枚少ない。

　屋上のベンチレーターの形状は製造年度によって異なる。1948 年製の 1 次車は半ガーランド式が 2 列、1949 年製の 2 次車は押込式が 2 列、1954 年製のク 2836 はガーランド式 1 列となっている。

　1960 年代半ばから改修工事が始まり、高運転台化やノーウインドウシル化、窓枠のアルミサッシ化や戸袋窓の H ゴム化などが行われた。しかし全車には及ばず、さまざまなバリエーションが生まれた。

　また、1967 年後半からは 1 次車を中心に富山地方鉄道などへの転出が始まった。残った 2 次車は 1968 年から乗降扉間がクロスシート化され、車体色も濃緑から

ストロークリーム＋赤帯に変更された。さらに 1971 年から冷房装置付き車体更新車 7300 系が登場し、主要機器類の提供用に廃車となる車両も発生した。

　残った車両は 1975 年から車体色をスカーレット単色に統一され、1989 年 9 月まで活躍した。

3800 系は戦後の運輸省規格形の一つ。17m 級・2 扉車で、更新後もウインドウシルが残る車両もあった。写真／大那庸之助

## 新しい時代を感じさせた戦後初の特急車

1951年7月、名鉄に戦後初のロマンスカー3850系が登場し、2両固定編成5本が製造された。車体は半鋼製で張り上げ屋根と1,200mm幅の広く大きな側窓が特徴である。車体色は側窓下がマルーン、上がライトピンクに塗り分けられて好印象を与えた。この塗装は7000系パノラマカーを除いて、3730系までの新製車に採用されている。

客室は床がリノリウム張りで、全席固定クロスシートは特急車にふさわしい設備であった。登場時は豊橋〜新岐阜（現・名鉄岐阜）間の特急・急行用に、2本連結の4両編成で運転された。のちに重整備工事などで全鋼製車体に更新される車両も出現するなど改造も多く、さまざまな種類の車体がある。

1952年12月に3850系を軽量化した3900系が製造された。座席は戸袋窓部分がロングシートのセミクロスシートとなった。2両編成3本が登場し、翌年に中間車2両が組み込まれ4両固定編成となった。

1954年7月に登場した第4編成はこれまでと異なり、当初から4両編成であった。車体は乗務員室が若干広がり、ベンチレーター（換気装置）の形状などが変更された。編成の両端が制御車となり、床下機器の配置も変更された。台車はFS-16に変更され、発電制動は3850系が途中で撤去されたのに対して常用されていた。

明るいツートンカラーで登場した3850系。側窓1枚につきボックス席となるため、ロングシートの3800系よりも側窓が大きい。1958年撮影。写真所蔵/LJM

急行運用に入る3900系。写真は第4編成で、中間車は電動車、先頭車は制御付随車となった。1958年撮影。写真所蔵/LJM

| 用語解説 | 運輸省規格型電車 [うんゆしょうかくがたでんしゃ] | 第二次世界大戦の敗戦により、日本の鉄道事業者は資材不足に悩まされ、戦争で荒廃した車両や施設の復旧がままならなかった。そうした時期に運輸省が少ない資材を使って効率よく車両を製造するため、共通設計の車両を提案した。運輸省規格型電車は東急3700系、阪急700系などがある。 |

## 前面窓を大きくし、眺望を確保した急行用車両 5700系、5300系

5700系は、1986年に登場した急行用の2扉転換クロスシート車である。前面は向かって左側の窓が下げられ、前面展望を楽しむことができ、側面の連続窓はパノラマカーを想起させる。5300系は転用された機器類と5700系の車体を組み合わせた車両である。

2扉クロスシートの5300系は急行用として誕生。運転台のすぐ後ろの座席からは前面展望がきく。

## 4両編成で登場した5700系

　名鉄初の高性能車として登場した非冷房の初代5000系も30年が経ち、続いて登場した5200系とともに1986年から5700系と置き換えられた。5700系は2扉転換クロスシート車の伝統を引き継ぎながらラッシュ時にも対応できるよう、客用扉は1,400mm幅の両開き扉を備え、連結面側の車端部にロングシートを設けている。前面は非貫通の2枚窓で、車掌側（向かって左側）の窓が下側に大きく拡げられているのが特徴。仕切り窓を挟んだ運転室直後の座席は2.5人分の幅があり、親子3人で前面展望を楽しめる。

　1986年から4両編成が5本製造された。制御機器は、当時製造されていた6500系と同じ回生ブレーキ付きGTOサイリスタによる界磁チョッパ制御とし、歯車比は高速用に下げられている。1989年に4両編成の2本を6両貫通編成とするために中間車が2両×2本造られた。制御機器は6800系と同じ界磁添加励磁

制御に変更され、同様に歯車比も高速用に下げられた。そのため形式が分けられてモ5650形とサ5600形となった。

その後、2009年に6両貫通編成の2本は4両編成に戻され、編成から抜かれた2両×2本は4両編成に組成された。運転台部分は廃車となった5300系から移設され、2010年に完成。5700系とは制御機器や側窓などが異なる。

## 機器を流用した5300系

5700系と同じ車体を使い、初代5000系・5200系の主電動機と空気圧縮機、台車を流用して1986年に登場したのが5300系である。制御機器は、私鉄初の回生ブレーキ付き界磁添加励磁制御を新製で搭載。主電動機出力の関係で全電動車編成となり、4両編成8本と2両編成5本が造られた。台車はFS315を流用したが、乗り心地を改善するため1989年まで改良が加えられた。また、5700系はパンタグラフを中間車に搭載するが、5300系は岐阜方の先頭車に搭載する。

その後、名古屋本線の120km/h運転化に伴い、1993年4月から種車から流用したコイルばね台車FS307・FS307Aを、新造した空気ばね台車FS550に換装。合わせて編成内で混在していたコイルばね台車と空気ばね台車が、編成ごとに統一された。この際にFS550台車は増圧ブレーキの設置、4両編成の空気圧縮機交換なども行われ、高速化に対応した。交換されたFS307台車の1台は、名鉄で保存されている。

5700系と5300系は登場後、急行用として高速や急行を中心に活躍。高速の廃止後は指定席特急との併結や全車一般車特急、普通などで運用された。2019年3月ダイヤ改正まで全車一般車特急として活躍したが、2019年までに全車が引退した。

5300系と7000系パノラマカー「白帯車」が併結した急行列車が豊川稲荷駅へ向かう。写真/児島眞雄

用語解説　高速［こうそく］　1977〜1990年に名鉄で運行された列車種別。当時、座席指定特急が増え、運賃のみで乗車できる特急との誤乗が増えていた。そこで座席指定特急を「特急」、一般車のみの特急を「高速」と区別した。1990年に特急政策が変更され、大半の特急が座席指定車と一般車の併結になり、高速は消滅した。

# MEITETSU 56

## 18m級3扉車3550系と 東急からの転属車3880系

現在の名鉄の一般車は3扉車となったが、1975年までは2扉車だった。18m級3扉車も戦時中から活躍していたが、これは少数で、1973年のオイルショック以降、乗客が急増したことからラッシュ対策に東急から3扉車が導入された。輸送効率はよく、翌年の3扉車6000系の誕生につながった。

初代3500系のモ3501＋ク2501の2両編成。写真は1957年の撮影で、モ3501はすでに電装化・2扉化改造後である。ク2501の車端は、便洗面所があるため窓が白くなっている。写真所蔵/LJM

## 6000系登場以前に存在した18m級3扉車

　名鉄の18m級3扉車は、戦時中から終戦直後にかけて初代3500系モ3500形・ク2500形、3550系モ3550形・ク2550形、知多鉄道のク950形が製造された。3550系だけが計画通りの3扉ロングシート車で、他は戦時輸送を乗り切るために2扉車から変更された車両である。3500系のうち、モ3500形は登場時には電装されず、戦後に電装された後に計画通り2扉化されている。このうち2両はさらに電装解除されてク2654・2655となっている。中間の乗降扉だった場所は窓が2枚設けられたが、他の窓より狭い。

　一方、ク2500形は廃車まで3扉車のままであった。登場時は計画通りに便所・洗面所が設けられたが水タンクはなく、後に未使用のまま撤去された。

　知多鉄道ク950形は1942年末に登場した。モ3500形と同形の電動車となる予定で、3両が造られた。戦後に電装され、当初計画通り2扉化された。その後は全車が電装解除されてク2651〜2653となったが、ク2653は変則的な窓配置で他の2両とは容易に区別ができた。

　3550系は、モ3550系1次車の5両は未電装で使用されていた。1947年に計画通り電装されて全車が揃い、ラッシュ輸送に必要な存在として1988年2月まで運用された。

## ラッシュ輸送の効率化に貢献し、6000系の登場に影響を与えた

　1973年の第一次オイルショック以降乗客が急増し、ラッシュ時の混雑は一層激しくなった。2扉車が中心の当時は増結による長編成化などで対応したが、抜本的な解消は困難だった。そこで名鉄は東急から3扉ロングシート車を導入し、3880系とした。

　3880系は、1975年と1980年に東急3700系・3600系を改造した車両で、2M1Tの3両編成である。ラッシュ時は2本連結して6両編成で運用された。改造は尾灯の角型化、行先・種別表示板受けや名鉄式ATSの設置、前面の貫通幌の撤去、車体色のスカーレット単色化など、必要最小限度にとどめられた。

　東急3700系は名鉄3800系と同じ17m級の運輸省規格型電車で、東急時代はデハ3700形15両、クハ3750形5両の計20両であった。しかし、名鉄ではモ3880形14両、ク2880形7両の計21両が必要であった。そのため不足するク2880形2両はデハ3700形1両を電装解除し、さらに東急3600系のクハ3670形で対応した。

　3880系は他形式とは連結されなかった。しかし、ラッシュ時の輸送力は大きく、翌年の3扉車6000系の誕生につながっている。

　6000系列の増備に合わせて1985年3月に役割を終えたが、廃車後の台車や扇風機はAL車・HL車に転用された。

東急から導入された3880系。写真は制御付随車のク2880で、乗降扉の小さな窓に、東急時代の名残がある。写真/長尾 浩

---

用語解説　**知多鉄道**　［ちたてつどう］

河和線の前身に相当する鉄道で、1931年に太田川〜成岩間、1935年に河和駅まで開通した。開業当初から路線の運営を愛知電気鉄道に委託し、実質的に愛電の系列会社だった。愛電と名岐鉄道が合併し名鉄が成立すると、路線運営は名鉄が行った。1943年に知多鉄道は名鉄と合併し、路線は名鉄が継承した。

# 名鉄最後の吊掛駆動車 6750系、3300系（2代目）

1980年代後半の名鉄は冷房化率の向上に努めていた。限られた予算の中で新造費を抑えるため、冷房を搭載した車体を新造し、主要機器などは余剰となった非冷房車の機器を使用した。いずれも吊掛駆動方式のAL車で、瀬戸線用が6750系、本線用が3300系であった。

## 名鉄吊掛駆動電車の最後を飾った6750系

　瀬戸線の輸送力増強と旅客サービス向上のため、6600系の増備車として6750系が計画され、1986年に1次車2両編成2本が運行を開始した。6600系に準じた車体の3扉ロングシート車で、窓配置は6600系と同じである。前面の標識灯は本線用の6500系2次車と同じ角型とし、スカートは連結・解放作業を考慮して省略されてい

6600系（左）とすれ違う名鉄最後の吊掛駆動車6750系2次車。2次車は前面窓が大きく、側窓は連続窓。側面に方向幕が設置されているのも特徴である。写真/杉浦 誠

る。主要機器は非冷房の3900系から台車や主電動機、制御器、ブレーキ装置などを転用した。また、新製時から冷房装置が装備され、瀬戸線の冷房化率向上に貢献した。1次車は2両編成を2本連結した4両固定編成として運用され、中間2両には貫通幌が取り付けられ、車両間を行き来することができた。

　1次車の登場から4年後の1990年6月、2次車が登場した。主要機器はAL車から転用し、車体は窓配置や前面などのデザインが変更された。乗降扉間は3連窓で、前面の窓は下方に拡大された。編成は4両固定編成となったが、当時の喜多山車庫の作業性を考慮して、2両単位で入換ができるよう簡易運転台が設けられた。冷房装置は1次車の2基から、混雑時を考慮して3基に増設された。

　2次車の登場で、一時は瀬戸線の最大勢力となったが、2011年に名鉄最後の吊掛駆動車として引退した。

## 支線の非冷房車を置き換え、冷房化率の向上に貢献

　6750系の登場に続き、車体を新造して主要機器をAL車3900系などから転用する方法で、本線用として1987年に二代目3300系3両編成4本が登場した。瀬戸線用6750系が1M1Tなのに対し、3300系は2M1Tである。補助電源装置と空気圧縮装置は他の車種でも使用している新品を使用したが、新設計部分を縮小したことで、新造費は従来の65%程度に抑えられた。

　車体は冷房装置付きの3扉ロングシート車である。乗降扉間は3枚の独立窓で、開閉はバランサー付きの下降方式である。前面は6750系から幌の取付台座を除いたデザインとなっている。冷房装置は6750系1次車と同じ10,500kcal×2基が装備され、後に一部の車両で冷房能力が強化された装置に交換されている。

　支線の非冷房車の置き換え用に登場し、名古屋本線、広見線、小牧線、築港線で活躍した。晩年は小牧線と築港線に集中し、2003年に小牧線300系の登場に合わせて全車が引退した。これにより本線から吊掛駆動車はすべて引退した。

　引退後は補助電源装置のSIVが1380系1384編成に転用され、電動車の台車と主電動機がえちぜん鉄道に譲渡されて、3度目の活躍をしている。

小牧線を走る本線用の3300系。車体は6000系に準じ、屋根上には冷房も搭載しているが、足まわりは吊掛式である。写真/足立健一

| 用語解説 | えちぜん鉄道 [えちぜんてつどう] | 勝山永平寺線福井～勝山間と、三国芦原線福井口～三国港間を経営する。京福電気鉄道福井支社の路線を継承した第三セクター鉄道で、全線電化されている。2003年から全国に先駆け、女性客室乗務員（アテンダント）が乗務して高齢者に対する乗降サポート、乗車券の販売・回収、観光案内などを行っている。 |

# MEITETSU 58

## 名鉄の前身会社が製造した初の高速電車 3300系（初代）、800系

800系は名岐鉄道、3300系は愛知電気鉄道が誕生させた初の大型高速電車である。登場は3300系が早く、1928年に神宮前〜豊橋間の直通運転用として、800系は新岐阜（現・名鉄岐阜）〜名古屋（後の押切町）間の全通に合わせて、1935年4月に運用を開始した。

## 神宮前〜豊橋の直通運転用に登場した3300系

1927年、愛知電気鉄道伊奈〜吉田（現・豊橋）間の開通により神宮前〜吉田間が全通し、直通運転が始まった。翌年、輸送力増強用に愛電初の18m級車体の大型車3300系が製造された。まずデハ3300形6両が登場。車体幅は愛電最大で、2扉セミクロスシートの両運転台電動車であった。外観は前面が

それまで車体長が16m級だったところ、18m級に延長された初代3300系。一段下がった乗降扉が特徴である。1957年撮影。写真所蔵/LJM

平妻で、車掌側の乗務員扉は引戸、乗降扉の下辺が一段下がっているのが3300系の特徴で、この重厚な姿から「大ドス」の愛称が付いた。

同年末にデハ3300形の片運転台版のデハ3600形4両が登場し、翌年に前の2形式用の制御車としてサハ2040形5両が造られた。

神宮前〜吉田間は高速運転を目指したため、電圧は直流1500Vで建設された。また、並走する東海道本線の所要時間が110分だったのに対し、愛電の特急は線形のよさから63分であった。愛電はさらに所要時間の短縮を図り、1930年9月に登場した超特急「あさひ」は57分で結んだ。デハ3302が専用車に充てられ、愛電の看板列車となった。

　その後は形式変更や改造が何度か行われ、最終的にはデハ3300形はモ3300形、デハ3600形は電装解除されてク2340形、サハ2040形はク2340形となった。1965年までに全車が引退し、一部の車体が豊橋鉄道などに譲渡された。

## 名鉄型を確立した名車800系

　1935年4月に新一宮（現・名鉄一宮）〜新笠松（現・笠松）間が開業し、新岐阜〜名古屋（押切町）間の名岐線が全通した。これに合わせて特急運転を行うことになり、登場したのがデボ800形である。

　2扉セミクロスシートの両運転台電動車で、前面に少し後退角が付いた18m級車体である。集電装置は最初からパンタグラフを装備し、高速運転が考慮されていた。ドアエンジンや自動・直通兼用ブレーキを備え、制御器は間接制御の自動進段方式を採用し、AL車と呼ばれた。

　800系のセミクロスシートは戦時中にロングシート化されたが、基本的なスタイルは戦後の特急車3900系まで採用され、名鉄型を確立した名車である。

　モ800形に続いて1937年に片運転台制御車ク2300形2両が登場した。この2両は1942年に電動車化改造が施され、モ830形となった。また、1938年にモ800形用の付随車としてサ2310形が5両登場した。こちらは1946年から制御車に改造されク2310形となった。

　さらに1948年に西部線（元・名岐線）の昇圧に合わせて昇圧改造された。その後モ800形は2両を除いて片運転台化され、1996年まで活躍した。

その後の名鉄電車の基本スタイルを確立した800系。写真は1980年代の片運転台化改造後の姿。写真／丹羽信男

**用語解説　超特急「あさひ」**
[ちょうとっきゅう「あさひ」]

名古屋本線の南側を建設した愛知電気鉄道が1930年に神宮前〜吉田（現・豊橋）間で運行した列車。1日1往復設定され、途中停車駅は特急と同じ堀田・新知立・東岡崎・伊奈だが、所要時間が3分速いため超特急の新種別が付けられた。表定速度は65.7km/hと、当時は日本一の表定速度を誇っていた。

## 1980年代に登場した「パノラマDX」8800系と「レールバス」キハ10形・20形・30形

1980年代にはこれまでと異なるコンセプトの車両が登場した。小グループや家族単位の観光客の利用を見込んだ観光専用特急8800系である。また、電車を走らせるほどの需要が見込めなくなった路線を低コストで運営するため「レールバス」キハ10形・20形・30形が登場した。

### 名鉄初の観光専用特急8800系

　1980年代の座席指定特急は7000系パノラマカーをグレードアップした車両を使用していた。しかし経年劣化は否めず、新たな特急車両が求められていた。

　そこで1984年12月に小グループの観光客向けの車両として、8800系2両編成2本、1987年にさらに2両編成2本が造られた。名鉄では初となる登場時から有料特急の車両でもあった。

　車体デザインは一新され、展望席はハイデッカー構造となり、運転台はその下に配置された。展望席の背後は小人数単位の利用を見込み、2〜4人用のコンパートメントと6人用のサロンが設けられた。外部色も大きく変わり、薄いクリーム色にスカーレットの帯を巻き、裾部分はグレー塗装となっている。なお、走行機器や台車は7000系の廃車発生品を再利用している。

8800系「パノラマDX」の前頭部は舞木検査場で保存されている。

　公募により「パノラマDX」の愛称が付けられ、当初は犬山線と河和線を結ぶ「DX特急」に使用された。

　1989年に中間車が造られて3両編成化された

3両編成化された8800系「パノラマDX」。名古屋を経由して犬山と知多半島を結ぶ観光特急として使用された。晩年は蒲郡線にも入線した。写真は2本を併結した6両編成。写真／丹羽信男

が、1992年に「DX特急」は廃止された。団体用の1編成を除いて車内が改装され、中間車はコンパートメントとラウンジの構成から一般座席に変更された。その後は津島線と西尾線〜蒲郡線を結ぶ全車座席指定特急に転用され、2005年3月に引退した。

## 閑散線区に導入されたレールバス

　名鉄の営業地域は他の大手私鉄に比べてマイカーの保有率が高く、過疎地域も多いために閑散線区が多い。こうした線区の輸送コストを下げるために、電車の運転をやめて気動車を導入する動きが1980年代から始まった。

　気動車は富士重工で開発されたLe-Car（エルイーカー）で、バス用部品を多用して製造コストやランニングコストを下げた、いわゆるレールバスである。Le-Carは第三セクターの樽見鉄道・北条鉄道・三木鉄道が採用し、純民間私鉄は名鉄だけが採用した。レールバスは国鉄でも1954年からキハ01形などが一時使用されたが、当時のレールバスよりLe-Carは車体長が長く、車高も高い。また、台車は空気ばねとなり、乗り心地は改善されている。

　名鉄では1984年に1軸台車で車体長が12mのキハ10形が非冷房車で登場し、三河線猿投〜西中金間と八百津線で使用された。1987年には台車を2軸ボギーに変更し、車体長15mのキハ20形が同じく猿投〜西中金間に投入された。

　1990年から三河線の碧南〜吉良吉田間でも気動車が導入され、キハ20形が増備された。さらに1995年にはキハ10形の置換用として16m車体のキハ30形が登場した。しかし、2004年までにレールバスを運用していた線区がすべて廃止され、Le-Carは活躍の場所をミャンマーに移した。

閑散線区のコスト削減にレールバスが投入されたが、あまり功を奏しなかった。写真は猿投駅に停車中のキハ20形。写真／児島眞雄

用語解説　レールバス

バスなど自動車の汎用品を流用した小型の気動車で、「軽快気動車」とも呼ばれる。国鉄末期に第三セクターに継承されたローカル鉄道が富士重工のLe-Car（バス工法）、新潟鐵工所（現・新潟トランシス）のNDCシリーズ（鉄道車両工法）を採用。のちにNDCシリーズを採用する事業者が増えた。富士重工も鉄道車両工法のLE-DCシリーズを主流とした。

# MEITETSU **60**

## 車体を新造して機器を流用
## 名鉄の特徴的な車両

かつては車体を新造して機器を流用することが各社で行われ、名鉄でも吊掛駆動の車両で行われた。ここでは全金属車の2代目3700系、初の両開き扉3730系・3770系、初の冷房車3780系、「パノラマカー」に似た車体を持つ7300系を取り上げる。いずれも1996〜1997年まで活躍した。

## AL車、HL車に区分される吊掛駆動車

　名鉄の吊掛駆動車の制御方式は間接制御の場合は主に2種類の名称で表わされている。手動進段方式の場合はHL車、自動進段方式はAL車と表現され、ここで取り上げる2代目3700系、3730系、3770系、3780系はHL車、7300系はAL車である。

　2代目3700系は木造車両の車体更新車で、1957年に登場した。車体は片開き2扉車で41両が製造された。全電動車の2両編成だったが、途中から一部の車両が電装解除され、制御電動車（Mc）＋制御車（Tc）の編成となった。当初は低運転台だったが、後に高運転台車が増備され、さらに低運転台から高運転台に改造された車両も現れた。客室はロングシートで登場し、1969年から転換クロスシート化された。一部の車両は600Vに降圧のうえ瀬戸線で使用されたが、瀬戸線昇圧後は再び本線系統に復帰した。

　1964年に登場した半鋼製の車体更新車3730系・3770系は、名鉄で初めて開口幅1,400mm幅の

旧型HL車の車体更新を目的に製造された2代目3700系。写真のモ3716は最後まで残った3700系で、後に電装解除されク3716となり築港線で活躍した。写真／児島眞雄

3730系と3770系は両形式を合わせて77両が製造され、HL車で最多両数となった。写真は3730系。写真／丹羽信男

両開き扉となった。制御電動車＋制御車の2両編成で65両が製造され、さらに3700系と3730系から1両ずつを組み合わせたモ3749＋ク2702が造られた。全車が高運転台で、客室はロングシートである。1966年に登場した車両は転換クロスシートに変更されたため、3730系とほぼ同じ車体だが形式が3770系に変更された。3730系も後に一部の車両が転換クロスシートに改造されたが、一方で瀬戸線に転属した3730系と3770系は全車がロングシート化された。

## パノラマカーのような側面の7300系

　3780系は1966年に登場したHL車の最終機器流用車である。朝夕はローカル線用通勤・通学、昼間は一般観光用に備えて、3730系と同じ両開き扉が採用された。7000系「パノラマカー」とほぼ同等の座席間隔（シートピッチ）となった。座席は2人掛けと1人掛けの転換クロスシートを客室中央部で左右対称に配置。2両編成10本が登場し、HL車で唯一の冷房車となった。本線での運用後は瀬戸線に転属し、後にロングシート化された。

　1971年に登場した7300系はAL車で、2両編成と4両編成の計30両が製造された。「パノラマカー」の中間車に運転台を設けた構造で、「パノラマカー」に似た連続窓に転換クロスシートを備えた2扉車である。走行機器は3800系や800系から転用している。台車はD-18を転用したが、後年、FS-36に変更している。1997年に28両が名鉄から豊橋鉄道に譲渡され、2002年まで活躍した。

7000系の中でも貫通型の7700系に似た車体と、AL車の機器を組み合わせた7300系。車体側面はパノラマカーと同様の連続窓である。写真／丹羽信男

用語解説　ロングシート

側窓に沿って線路方向に座席を設けたもの。枕木方向に並べたクロスシート（ボックスシート）より立客を増やすことができるため、混雑が著しい都市内を走る通勤電車に採用されるケースが多い。近年は大手私鉄から地方私鉄へ中古車が譲渡されるケースが相次ぎ、閑散路線にもロングシート車が増えている。

# ≫ 2扉クロスシートから3扉ロングシートへ
# 通勤電車の座席の変遷

名鉄では1951年の3850系から1975年の「パノラマカー」9次車7100系まで、2扉クロスシート車の増備が続いた。しかし、1973年に利用者が急増したのをきっかけに、1975年に東急電鉄から3扉車ロングシート車を導入し、ラッシュ時に使用した。結果は効果的で、6000系の登場につながった。

## 1970年代初めまで続いたクロスシート化

　戦時中は輸送力を確保するために、クロスシート車のロングシート化、さらにシートの撤去まで進められた。中には電動貨車を改造して座席のない電車・モ1300形まで現れた。また戦時中の1942年に2扉クロスシート車として登場する予定だった3500系は、3扉ロングシート車として落成した。

　戦後の1948年から翌年にかけて、運輸省規格型の3800系が2扉ロングシート車として投入されたが、1951年には戦後初の特急用ロマンスカーとして、3850系が2扉クロスシート車で登場。以降は3900系、初の高性能量産車5000系・5200系、大衆冷房車5500系と、特別料金不要の特急用車両がいずれも2扉クロスシート車となった。さらに7000系「パノラマカー」では転換クロスシートを採用。7500系、「パノラマカー」9次車の7100系まで、名鉄では2扉クロスシート車の増備が続いた。

　一般車では、1966年に2扉ロングシート車として増備が進んでいた鋼製車体更新車3730系が、クロスシートに変更され3770系となった。同年、3770系にクーラーを搭載したような3780系が登場した。1971年に投入された7300系は、AL車の機器を流用して、「パノラマカー」に似た連続窓を備えた2扉クロスシート

晩年の7000系の車内。転換クロスシートが並ぶ。

6800系は集団離反式のクロスシートを採用。

の車体と組み合わされた。なお、1970年代初めまでは3700系、3800系、3500系、3730系などがクロスシート車に改造された。

## 3扉ロングシート車はラッシュ時の救世主

　1970年代の初めまでは2扉クロスシート車の増備のほかに、ロングシート車をクロスシート車へ改造していたが、朝ラッシュ時は混雑が激しくなってきた。これに対して名鉄は編成の長編成化や、乗降扉を両開きとするなど講じて混雑の緩和を目指した。1975年に登場した「パノラマカー」の最終増備車7100系では両開き扉となり、さらに一部のクロスシートが撤去されるなど、ラッシュ対策がとられた。

　これらは抜本的な対策とはならず、1975年に東急電鉄から3扉ロングシート車が名鉄に入り、3880系として活躍を開始した。1948年に製造された運輸省規格型電車で、同じ運輸省規格型の3800系と車体寸法や機器類の取り扱いに共通点が多く、大きく改造することなく名鉄で運用された。東急時代と同じく3両編成で活躍し、ラッシュ時は2本併結の6両編成で運用された。

　これまでの2扉クロスシート車に比べて、3扉ロングシート車の輸送力は抜群で、この3880系の成功をきっかけに翌年、両開き3扉車の6000系が開発された。登場時の乗降扉間は固定式集団離反型の小型クロスシートが設けられていたが、1985年にロングシート化された。

ロングシートは着席人数が少なくなるが、立客が増え、ラッシュ時の収容人数は多くなる。写真は3100系。

近年、大都市圏の鉄道はロングシートが主流。袖仕切りは着席客と立客の接触を減少させる大型のものを採用。

用語解説　**集団離反型**　［しゅうだんりはんがた］

客室の中央を境に、クロスシートが車端側に向く配置。これとは反対に車両の中央を向く配置は「集団見合型」という。座面・背もたれの形状を最適化しやすい長所があるが、席の半分は常に進行方向と逆向きに配置されている欠点がある。集団離反型は東海道・山陽新幹線0系および東北・上越新幹線200系の3人掛け席に採用実績がある。

# 安全な列車運行を支える
# 名鉄の車両基地と工場

名鉄では車両基地と工場として2カ所の検査場と5カ所の検車支区がある。最大の施設は舞木検査場で、全車両の全般検査・重要部検査と車両改造工事、新造車両の受け入れなどを実施している。一方、列車検査と月検査や日常の車両の保守や管理は犬山検査場と沿線の検車支区が担当する。

1985年に開設した犬山検査場。留置両数は52両で、月検査、列車検査を担当する。

## 舞木検査場と犬山検査場の2つの検査場

　2カ所の検査場はそれぞれ役割が異なっている。国土交通省令に定められた実施基準に基づく車両の定期検査のうち、舞木検査場が重要部検査以上の車両検査を、犬山検査場が月検査以下の車両検査を担当している。

　舞木検査場は名古屋本線名電山中～藤川間に位置し、全般検査・重要部検査、車両の改造工事などを担当する。愛知電気鉄道時代に新設された鳴海工場の機能を受け継ぎ、1997年に開設された。鳴海工場は豊橋線（神宮前～豊橋間）の車両検査と保守管理を行う鳴海車庫が起源で、67年間にわたり業務を推進してきた。なお、併設の鳴海検車区は豊明検車支区として移転している。

　犬山検査場は広見線犬山～富岡前間にあり、1985年に開設された。月検査や列車検査などを受け持ち、日常の修繕や故障、事故などの突発的な作業についてもほぼこちらで対応している。また、犬山検査場は機工・電機・検査グループと、茶所・新川・豊明・猿投・尾張旭の各検車支区を管轄しており、日常検査や補修を行うなど中心的な役割を果たしている。

名鉄岐阜駅から2駅、名古屋寄りの茶所駅に隣接する茶所検車支区。名鉄岐阜駅に到着した特急車が出入りする。

瀬戸線尾張旭駅に隣接する尾張旭検車支区。住宅街に近いため、塗料を剥離する際の溶液の処理など、環境を配慮してステンレス車が配置された。

名鉄最大の車両検査機関である舞木検査場では、天井クレーンによって車両を吊して移動させる。

## 日常の安全輸送に必要な管理を担う

　検車支区では日々の車両検査を行うほか、安全輸送に必要な車両の維持管理、輸送需要に応じた車両の留置機能、車両清掃、非常事態が発生した時に必要な措置を講じるなど、さまざまな役割を担っている。さらに、非常事態にきめ細かく対応できるよう、保安要員の待機所として岡崎派出検車と常滑派出検車がある。また、検車支区は設備により検査内容が異なり、列車検査を担当するのが茶所・豊明検車支区で、月検査と列車検査を担当するのが犬山検査グループと新川・猿投の検査支区である。

　検査のほかに検車支区の特徴として、茶所検車支区と新川検車支区は清掃・給水・トイレの汚物抜き取りを行っている。

　瀬戸線の全車両を担当する尾張旭検車支区は全般検査・重要部検査・月検査・列車検査を担当し、さらに事故修繕や洗車なども行っている。なお、尾張旭検車支区は舞木検査場とは線路がつながっていないため、全般・重要部検査を行う場合、犬山検査場が管轄する機工・電機グループの係員が尾張旭検車支区に出向く。係員はここで車体から台車や主電動機などの機器類を取り外し、陸送で舞木検査場に送り、整備を終えた機器類を取り付け、試運転まで行う。

| 用語解説 | 車両の定期検査 [しゃりょうのていきけんさ] | 鉄道車両の定期検査は、8年を超えない期間ごとに、車両全般に渡り分解整備を行う「全般検査」、4年または走行距離60万kmを超えない期間ごとに、車両の重要な部分の分解整備を行う「重要部検査」、3カ月を超えない期間ごとに、状態および機能について行う「月検査」、7日間を超えない期間ごとに、主要部の状態および機能を外部から行う「列車検査」がある。 |

## 濃緑色からスカーレットに統一されるまで 名鉄電車の車体色の変遷

本稿では、現在の名古屋鉄道の発足以降、残されている記録から一般車を中心に車体色について紹介する。戦中から濃緑色への統一が始まり、紆余曲折を経て一時はスカーレット単色に統一された。さらに、ステンレス車の登場以降、近年の鋼製車は白を基調とした塗装に変更されつつある。

## ライトピンクとマルーンのツートンカラーもあった

1935年に名岐鉄道と愛知電気鉄道が合併して、現在の名古屋鉄道が発足した。車体色は合併後から戦時中まで茶色が標準で、1937年に登場した3400系は緑の濃淡に塗り分けられた。1942年に登場した3500系は濃緑色が採用され、終戦頃にかけては3400系を除いて濃緑色はほぼ全車両に及んだ。戦後も1979年頃まで濃緑色は残されていた。

1951年に固定クロスシートを備えた3850系が登場し、側窓を境に上がライトピンク、下がマルーンの新塗色が登場した。この塗色は優等列車とこれ以降に登場する車両の塗装として普及し、3400系、3900系、初代5000系、5200系、2代目3700系列、5500系まで続いた。1961年に登場した7000系「パノラマカー」はスカーレットだったが、一般車に普及するのは先のことである。

舞木検査場に保存されているモ5517の前頭部は、ライトピンクとマルーンのツートンで塗装されている。

1966年に3780系からライトパープル単色化が始まったが、途中からクリームにスカーレットの帯となった。1975年に東急から譲渡された3880系がスカーレット単色で登場したのをきっかけに、他の通勤電車にもスカーレットが普及した。

クリーム色にスカーレットの帯を巻いた塗色の時代の3730系。晩年はスカーレット単色に変更された。写真/児島眞雄

## 一般車の車体色がスカーレット化された後の動き

名鉄初のステンレス車となった300系。伝統のスカーレットは細く、市営地下鉄上飯田線のラインカラーであるピンク色の帯が太く入る。

ステンレス車では、スカーレットが帯色として引き継がれている。4000系では、前面を黒色にし、アクセントに白線も入れられた。

　1979年頃に一般車の車体色はスカーレットに統一され、その後の車両の増備はデザインや走行機器の変更はあったが、車体色は変わらなかった。

　変化が生じたのは、2002年に名鉄で初のステンレス車300系からである。小牧線と名古屋市営地下鉄上飯田線に相互乗り入れを行う車両で、前頭部のみ普通鋼製でメタリックシルバーに塗装され、それ以外はステンレスの地色を活かした無塗装である。前頭部の下側や側板の腰板部にはスカーレットと、上飯田線の路線カラーを示すピンクの帯が入った。

　2004年には名古屋本線用のステンレス車3300系・3150系が登場し、無塗装の車体にスカーレットの帯を巻いた。近年の増備車は窓下に黒が入り、スカーレット帯の幅が拡大された。2008年から瀬戸線に投入された4000系では、前頭部もステンレス製となり、前面は黒を基調にスカーレットと、アクセントとして白線が入ったデザインとなった。

　2019年に登場した9500系・9100系では前頭部の赤の面積が広がり、アクセントとして黒が入る。一方で、3500系などの鋼製車も、前頭部を赤、側面を白地に赤帯の塗装に変更が進んでいる。

## 用語解説　ステンレス

鉄を主成分（50％以上）とし、クロムを10.5％以上含む合金。英語で"stainless steel"（さびにくい鋼）と言い、直訳の「ステンレス鋼」が日本における正式名称である。耐食性のほか、耐熱性・強度などに優れた特性を備えている。鉄道車両では塗装などのメンテナンスが軽減されることから、採用が増えている。

# 名鉄の電気機関車

## 電車並みの高速性能で縦横無尽に活躍するEL120形

　現在は2015年に登場したEL120形電気機関車が2両在籍している。

　名鉄では1980年代に貨物輸送が終了し、EL120形は線路保守用の資材運搬や新車、廃車車両などの輸送用に使用されている。この車両の登場までは戦前や戦時生まれのデキ400形2両とデキ600形4両が使われていたが、2016年までに全車廃車となった。

　かつては電気機関車のほかディーゼル機関車、蒸気機関車も保有し、40種類以上が在籍していた。これらは名鉄に統合された会社で使用されていた機関車も含まれる。特に蒸気機関車は資料が乏しいことから不明な点が多く、今後の解明が待たれる。

　電気機関車には変わった経歴の車両があり、デホワ1000形もそのひとつ。尾西鉄道が導入した電動有蓋貨車で、1924年と翌年に登場した。戦時中は6両のうち2両が窓を設け、輸送力重視の座席なし電車モ1300形に改造された。戦後は全車がデキ1000形電機に改造されたが、外観は電動貨車時代と同じであった。このうち1両は北恵那鉄道に譲渡され、1978年の廃線まで活躍した。

　また、戦争末期の1944年に登場したデキ800形・850形は自社工場で製造された機関車である。前者は電装解除された電車の機器を使い鳴海工場で、後者は手持ちの機器と電車から転用した台車を使い新川工場で造られた。いずれも車体は木造で、入手できる材料を使い、輸送需要に懸命に応えようとする会社の姿勢が感じ取れる。

大手私鉄では珍しく、名鉄は電気機関車を保有する。2015年に登場したEL120形の形式番号は、名鉄創業120周年（2014年）にちなむ。

デキ1000形は電動有蓋電車から改造された電気機関車。側面の戸に名残が感じられる。写真所蔵/LJM

# CHAPTER 5 第5章

# 名古屋鉄道の
# 歴史がわかる

2024年に創業130周年を迎える名古屋鉄道は、1894年に設立された愛知馬車鉄道を始祖とする。その後、名古屋電気鉄道～名岐鉄道は、愛知電気鉄道、瀬戸電気鉄道、三河鉄道、知多鉄道など、愛知・岐阜両県の鉄道会社が合併して、現在の名古屋鉄道を形成していった。現在は名古屋本線を幹に特急網を構築し、沿線地域の発展に貢献している。また、2004年からは中部地区の空の玄関、中部国際空港への鉄道アクセスも担い、「ミュースカイ」を運行する。

# MEITETSU 64

## 中京地区に確固たる地位を築き上げ 129年の歴史を刻む名古屋鉄道

愛知県・岐阜県に路線を延ばす名古屋鉄道は、昭和初期までに中小の鉄道事業者が合併して成立した。その路線距離は近畿日本鉄道・東武鉄道に次いで第3位の444.2km、駅数は近鉄に次ぐ第2位の275駅を誇る。「赤い電車」のイメージが強く、2024年には創業130年を迎える。

## 多くの中小私鉄を合併して成立した名鉄

東京・大阪に次ぐ大都市圏である名古屋圏を中心に路線網を構築する名古屋鉄道は、120社余で構成される名鉄グループの中核会社である。豊橋〜名鉄名古屋〜名鉄岐阜間の名古屋本線を幹に、犬山・津島・常滑・蒲郡・豊田市方面へ路線を延ばしている。

その歴史は1894年に設立免許された愛知馬車鉄道にさかのぼる。その後、同社が社名変更した名古屋電気鉄道（後の名岐鉄道）が1912年に犬山へ、2年後に津島方面へ延伸した。名古屋以東では愛知電気鉄道が1912年に伝馬町（すでに廃止）〜大野（現・大野町）間を開業し、翌年に常滑および神宮前まで延伸した。

このほか、明治年間に瀬戸地区で瀬戸自動鉄道が瀬戸〜矢田間、愛知県西部で尾西鉄道が弥富〜津島間、三河地区で西三軌道が岡崎新〜西尾間を開業した。これらの鉄道は後に名岐鉄道・愛知電気鉄道と合併し、さらに1935年、両社が合併して名古屋鉄道が誕生した。この時点で旧名岐鉄道線と旧愛知電気鉄道線はつながっておらず、1941年に新名古屋（現・名鉄名古屋）駅が開業して、1944年にようやく東西が結ばれた。

戦後は名鉄グループの中核として中京地区で発展を続けていくが、平成に入るとローカル線の輸送人員は年々減少し、輸送密度が低下した路線は鉄道としての使命を終えたとして、廃止を含む合理化策がとられていった。

中京地区における名鉄は、「赤い電車」が広く活躍している。

## 【主な沿革】

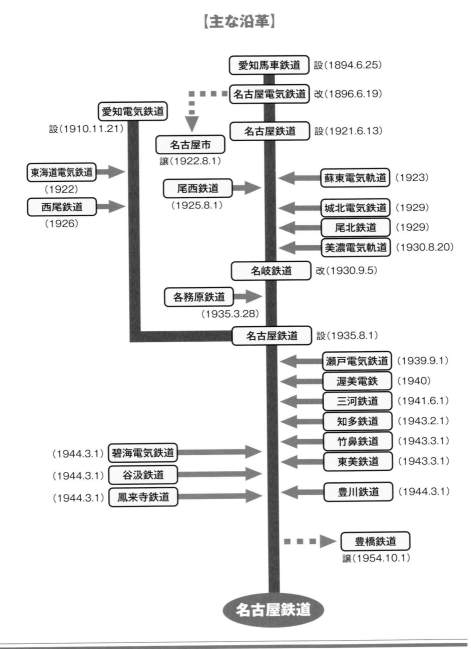

愛知馬車鉄道　設(1894.6.25)

名古屋電気鉄道　改(1896.6.19)

愛知電気鉄道
設(1910.11.21)

名古屋鉄道　設(1921.6.13)

名古屋市
譲(1922.8.1)

東海道電気鉄道
(1922)

尾西鉄道
(1925.8.1)

蘇東電気軌道　(1923)

西尾鉄道
(1926)

城北電気鉄道　(1929)

尾北鉄道　(1929)

美濃電気軌道　(1930.8.20)

名岐鉄道　改(1930.9.5)

各務原鉄道
(1935.3.28)

名古屋鉄道　設(1935.8.1)

瀬戸電気鉄道　(1939.9.1)

渥美電鉄　(1940)

三河鉄道　(1941.6.1)

知多鉄道　(1943.2.1)

竹鼻鉄道　(1943.3.1)

(1944.3.1)　碧海電気鉄道

東美鉄道　(1943.3.1)

(1944.3.1)　谷汲鉄道

(1944.3.1)　鳳来寺鉄道

豊川鉄道　(1944.3.1)

豊橋鉄道
譲(1954.10.1)

名古屋鉄道

## 1894-1913
## 中小私鉄が林立した中京地区

名鉄は多数の鉄道事業者が合併して成立したが、各社は明治時代に起業し、地域経済の発展に寄与した。名古屋北部は名古屋電気鉄道、同南部は愛知電気鉄道が路線を延ばしている。このほか、尾西鉄道・瀬戸自動鉄道・三河鉄道・岡崎馬車鉄道など、小私鉄が生まれている。

## 路面電車を手始めに開業した名古屋電気鉄道

　名古屋鉄道の始まりは、1894年に設立された愛知馬車鉄道である。同社は2年後に名古屋電気鉄道へ社名を変更し、1898年、笹島（東海道本線名古屋駅前）〜県庁前間で路面電車を営業した。これは京都電気鉄道に次いで日本で2番目の電気鉄道だった。名古屋電鉄は1912年に郊外線として犬山駅まで、1914年に新津島駅まで開業した。同社は路面電車を「市内線」、郊外線を「郡部線」と区分し、郡部線は市内線の柳橋まで乗り入れた。

　一方、中京地区は関東〜関西を結ぶ最重要ルートに位置し、官営鉄道（省線〜国鉄から現・JR）東海道線・中央線から街の中心部および郊外を結び、地域交通網の形成を図ろうとする小私鉄が、明治から大正にかけて各地に勃興した。1910年に軽便鉄道法、翌年に軽便鉄道補助法が成立したことも、それを後押しした。

　この時期に誕生し、後に名鉄の一員となった鉄道を挙げると、1898年に尾西鉄道弥富〜津島間が開通。これは名鉄で現存する最も古い路線で、後の尾西線である。1905年に瀬戸線の前身、瀬戸自動鉄道（後の瀬戸電気鉄道）が矢田〜瀬戸間を開通、翌年に大曽根駅まで延伸した。開業時の車両はフランス製のセルポレー式蒸気動車で、これは日本初の気動車とされる。

　岐阜県側では、1911年に美濃電気軌道が岐阜駅前から路面電車を開業。それに触発されて1913年に長良軽便鉄道、翌年に岐北軽便鉄道が開業した。これらは1921年までに美濃電気軌道と合併している。

尾西鉄道時代の津島駅。同駅は現存する名鉄の駅で最も古いもののひとつ。

那古野交差点付近に名古屋電気鉄道の本社・発電所・車庫があった。この跡地に「名古屋における電気鉄道事業発祥の地」の碑が立っている。

名古屋電気鉄道の名古屋側ターミナルだった押切町駅は、新名古屋駅開業とともに廃止され、跡地は旧・名古屋市西区役所に転用された。

## 小私鉄が勃興し、百花繚乱の様相に

　一方、名古屋以東では知多半島と結ぶべく、1912年に愛知電気鉄道が現在の常滑線に相当する伝馬町〜大野（現・大野町）間が開通し、翌年に常滑まで延伸した。愛知電鉄は名古屋市の中心部にターミナルを設置する予定だったが、すでに名古屋電鉄と名古屋市が補償契約を結んでいたため退けられ、1913年に神宮前駅をターミナルに据えた。

　三河地区では1898年に岡崎馬車鉄道岡崎停車場（現・岡崎）〜殿橋間を馬車鉄道で開業した。後に電気鉄道に変更し、岡崎電気軌道として路面電車を運営した。同社は1927年に三河鉄道と合併し、名鉄と合併後は岡崎市内線になった。

　1911年に西三軌道（後の西尾鉄道）が岡崎新〜西尾間を開業し、翌年に吉良吉田駅まで延伸している。これは旧西尾線である。また、刈谷からは1914年に三河線の前身、三河鉄道が大浜港へ向けて開業し、翌年に知立へ延伸した。

瀬戸自動鉄道がフランスから導入した蒸気動車。当初は大曽根駅で中央本線に接続して、陶器を全国に輸送していた。

---

用語解説　**蒸気動車**
［じょうきどうしゃ］

蒸気機関を駆動力とする外燃動車で、日本では19世紀終盤から太平洋戦争中まで使用されていた。瀬戸自動鉄道のセルポレー式蒸気動車のほか、ハンガリーのガンツ式蒸気動車が関西鉄道（現・JR関西本線）で活躍。国産では汽車製造の工藤式蒸気動車などがある。

## 1914-1933
## 市内線を譲渡し、郊外鉄道へ脱皮

名古屋電鉄は路面電車の「市内線」と、郊外路線の「郡部線」を営業し、市内線～郡部線の直通運転も行っていた。一方で、市民は市内電車の市営化を望み、紆余曲折があり市内線は名古屋市へ、さらに郡部線も名古屋鉄道（初代）に譲渡し、名古屋電鉄は解散する事態となった。この頃、愛知電鉄は経営的に苦境に陥っていた。

## 名古屋電気鉄道は、名古屋鉄道から名岐鉄道へ

　名古屋市周辺部では、名古屋電鉄の市内線開業をきっかけに小規模な路面電車が開業した。さらに交通需要が増加し、市民は交通機関の充実、すなわち運賃の値下げ、均一化、始終発時間の延長などを求めた。東京・京都では市内電車の市営化が進んでいたが、名古屋市は市営化には消極的で、名古屋マスコミによる市営化キャンペーンが繰り広げられた。

　これが後押しする形となり、1914年に鶴舞公園で数万の群衆が参加する市民大会が開催された。大会終了後、興奮した参加者が電車や駅などを襲い放火・破壊する事件が勃発し、警察だけでなく軍隊まで出動する羽目となった。この事件で名古屋電鉄の首脳陣が総辞職するなど、苦難の時代が続いた。

　結局、名古屋電鉄は1921年6月13日に名古屋鉄道（初代）を設立し、郡部線を譲渡、次いで市内線を名古屋市に譲渡して、名古屋電鉄は解散した。なお、現在の名鉄は6月13日を創業記念日としている。

昭和初期の豊橋駅。左が国鉄駅で、奥が豊川鉄道の駅。愛知電気鉄道は豊川鉄道の駅を共用していた。右の路面電車は豊橋電気軌道の1形。

　一方で、岐阜側では1921年に竹鼻鉄道（後の竹鼻線）、1926年に谷汲鉄道（同・谷汲線）、各務原鉄道（同・各務原線）、東美鉄道（同・八百津線）が開業した。

　郡部線だけとなった名古屋鉄道は、1930年に美濃電軌を合併し、名岐鉄道と社名を変更した。

## 都市間高速鉄道を指向した愛知電鉄

　沿線人口が希薄で収入に苦しんでいた愛知電鉄は、神宮前駅をターミナルとしたが、東海道線と運河を高架で越えなければならず、多額の費用がかさんだ。さらに無理な投資と経営計画の失敗で苦境に陥っていた。

　業績が回復してきたのは1917年の神宮前〜有松裏（現・有松）間開業の頃からで、1927年に吉田（現・豊橋）駅まで延伸した。この路線は名古屋〜豊橋間の免許を取得していながら、未開業だった東海道電気鉄道を合併して、当初から直流1500V、堅固な道床、自動閉塞信号機を設置し、都市間高速鉄道の規格を整えた。車両はコロ受軸台車を備えた半鋼製電車を使用し、表定速度は59km/h、神宮前〜吉田間を特急63分、普通97分で結んだ。さらに1930年には表定速度65km/hの超特急「あさひ」が登場し、名古屋〜豊橋間で並行する蒸気運転の東海道線に対して、圧倒的に優位に立った。

　吉田駅への乗り入れは、小坂井〜吉田間を先行開業した豊川鉄道（現・JR飯田線）の単線に並行して敷設され、両社が共用することとした。これが今日まで存続し、豊橋駅で飯田線電車と名鉄電車が同一ホームに並ぶ一因である。

矢作川を渡る愛知電気鉄道の電7形。この鉄橋は1923年に開通した

神宮前〜吉田（現・豊橋）間を表定速度65km/h、57分で結んだ超特急「あさひ」。愛知電気鉄道の看板列車だった。

# 1934-1953
# 名岐と愛電が合併、名古屋鉄道が発足

愛知・岐阜両県の二大私鉄に成長した名岐鉄道と愛知電気鉄道は、幾度か合併の気運が盛り上がったが、そのたびに機会を逸していた。しかし、時代の要請から1935年に合併が成立し、名古屋鉄道が誕生した。そして1944年に東西連絡線が開通し、豊橋〜新岐阜間がつながった。

名岐鉄道の柳橋駅（左）と、愛知電気鉄道の神宮前駅（右）。両駅とも名古屋側のターミナルで、1935年の合併後も、しばらくはターミナル機能を有した。

## 長年の合併話が実り、新生「名古屋鉄道」が誕生

　名岐鉄道は新一宮（現・名鉄一宮）〜国府宮間を開業した尾西鉄道を、旧・名古屋鉄道時代の1925年に事業を継承した。さらに1930年に美濃電軌を合併し、1935年に木曽川橋梁が完成して新一宮〜新笠松（現・笠松）間を開業したことにより、当時の名古屋側のターミナルである押切町駅から新岐阜（現・名鉄岐阜）駅まで直通運転が可能となり、特急が34分で結んだ。神宮前〜吉田間は愛知電鉄1社で開業したが、押切町〜新岐阜間は3社が個別に敷設した路線である。

　名岐鉄道と愛知電鉄の合併話は、愛知電鉄の創業時から幾度となく持ち上がっていたが、そのたびに立ち消えになった。しかし、大正末期から東海道線・名古屋市電との競争が激しくなり、また東海道線名古屋駅の移転改築計画に両社も合意が求められたことで、合併話が進んだ。加えて、世界恐慌の余波による昭和不況の続く時代で、当時の名古屋の規模では両社を存続させる経済的余裕がなかった。そうした中、名古屋市長が仲立ちし、1935年に両社は合併。現在の名古屋鉄道が誕生し、旧名岐鉄道の路線は「西部線」、旧愛知電鉄の路線は「東部線」と呼ばれるようになった。しかし、まだ線路はつながっていなかった。

## 東西連絡線が開通し、豊橋～新岐阜間が全通

　名岐鉄道・愛知電鉄はともに名古屋駅への乗り入れが宿願であり、新生・名古屋鉄道の誕生はそれへの布石であった。まず、国鉄名古屋駅の移転改築に合わせて1941年に西部線枇杷島橋～新名古屋間が開通、押切町～枇杷島橋間は廃止された。

　一方、東部線は熱田から東海道線沿いに金山・笹島に至り、市道の地下に入る構想を持っていた。しかしこれは名古屋市の反対で計画を変更せざるを得なくなり、名鉄は鉄道省から旧名古屋駅跡地を購入の上、その地下を通すこととなった。この跡地には現在、名鉄バスターミナルビルや名鉄百貨店が建つ。

　戦時下で、鉄鋼製品が統制されていたが1944年、東西連絡線神宮前～新名古屋間が開通し、ついに東部線・西部線は結ばれた。金山～新岐阜間は名岐線、豊橋～金山間は豊橋線と命名されたが、名岐線は直流600V、豊橋線は同1500Vと電圧が異なっていたため、まずは金山～新名古屋間を連絡列車で折り返し運用とした。1939年には瀬戸電気鉄道、1941年に三河鉄道、その後も多くの小私鉄が名鉄と合併している。

　終戦後の1948年になり、名岐線・犬山線・津島線などが1500Vに昇圧され、また豊橋～新岐阜間が名古屋本線と改称され、直通運転が始まった。

### ●新・名古屋鉄道発足時の形式別車両数

| 車種 | | 東部線(愛電) | | 西部線(名岐) | |
|---|---|---|---|---|---|
| ボギー車 | 電動車 | デハ1010 | 3 | K1 | 8 |
| | | デハ1020 | 2 | デホ100 | 8 |
| | | デハ1030 | 1 | デホ200 | 5 |
| | | デハ1040 | 8 | デホ250 | 2 |
| | | デハ1060 | 5 | デホ300 | 3 |
| | | デハ1066 | 9 | デホ350 | 7 |
| | | デハ3080 | 2 | デホ400 | 7 |
| | | デハ3090 | 1 | 500 | 4 |
| | | デハ3300 | 6 | 510 | 5 |
| | | デハ3600 | 4 | 520 | 6 |
| | | | | デホ600 | 7 |
| | | | | デホ650 | 16 |
| | | | | デセホ700 | 10 |
| | | | | デセホ750 | 10 |
| | | | | 800 | 5 |
| | | | | 特別客車 | 1 |
| | | 小計 | 48 | 小計 | 104 |
| | 制御車 | サハ2000 | 6 | | |
| | | サハニ2010 | 2 | | |
| | | サハ2020 | 1 | | |
| | | サハニ2030 | 2 | | |
| | | サハ2040 | 5 | | |
| | | 小計 | 16 | | |
| | 気動車 | | — | キボ50 | 10 |
| 四輪客車 | 電動車 | | — | | 95 |
| | 付随車 | | — | | 4 |
| 客車 計 | | | 64 | | 213 |
| 電動貨車・電気機関車 | | デワ350 | 1 | デワ1 | 13 |
| | | デキ360 | 1 | デワ50 | 2 |
| | | デキ361 | 1 | 600 | 2 |
| | | デキ370 | 9 | デホワ1000 | 6 |
| | | デキ400 | 2 | デホワ1500 | 2 |
| | | | | デキ1 | 1 |
| | | | | デキ100 | 4 |
| | | 小計 | 15 | 小計 | 30 |
| 散水車 | | | | | 3 |

『写真が語る名鉄80年』より引用
※旧名岐・愛電の車両はそれぞれ西部線・東部線所属となった。西部線車両は市内乗り入れの関係もあって、一般に小型であり、原則として全電動車である。

---

### 用語解説

**押切町駅**
[おしきりちょうえき]

名古屋市西区押切1丁目にあった名鉄一宮線の駅。1901年に市内線の終点として開業し、1912年に一宮線・犬山線が開業すると、郡部線の起点となった。以来、市内線と郡部線の境界としてターミナル駅の機能を果たしたが、1941年の新名古屋(現・名鉄名古屋)駅開業に伴い廃止された。

## MEITETSU **68**

### 1954-1973
### 語り継がれる名車「パノラマカー」誕生

日本が戦後復興から高度経済成長を遂げる中、名鉄は車両のサービス向上に取り組んでいた。特急料金不要の"大衆冷房車"や前面展望席付きの「パノラマカー」は、名鉄の顔として長く活躍した。レジャー産業にも力を入れ始め、博物館明治村はテーマパークの先駆けとして特筆される。

## 前面展望車、7000系パノラマカー誕生

　名古屋本線とほぼ並行する国鉄東海道本線は、1955年に米原駅まで電化され、豊橋〜大垣間で電車運転を開始した。名古屋本線に影響を与えることは明らかで、名鉄も対抗のため優等列車および支線直通列車の増発、曲線半径の緩和、庄内川橋梁の架け替え、高性能な5000系電車を導入して、1959年ダイヤ改正から名古屋本線の最高速度をそれまでの100km/hから105km/hに引き上げた。

　また、同改正では料金不要の列車としては日本で初めて冷房装置付きの5500系が登場、"大衆冷房車"と呼ばれ好評を博した。

　国鉄東海道本線対策の目玉として登場したのは、いまも名車として語り継がれる7000系電車である。1961年に運行を開始したこの車両は、運転席を屋根上に配置し、先頭車は前面展望、車体色は従来の常識を覆す深紅（スカーレット）一色とした斬新なスタイルで、「パノラマカー」の愛称で親しまれた。このカラーは車両部の担当者の提案を受け、画家の杉本健吉により決められものだが、踏切における警戒色の意味も込められていた。

　7000系は好評で、名鉄はほかの車両もスカーレットに塗り替え、新車はスカーレットで登場させた。「パノラマカー」は名鉄のシンボルとなった。

名鉄初の高性能車、初代5000系。丸みのある車体はセミモノコック構造で、車内は転換クロスシートを採用。写真／辻阪昭浩

日本で初めて前面展望を取り入れた7000系。「パノラマカー」の愛称とともに、名鉄の看板として成長していく。
写真／辻阪昭浩

## 日本初の跨座式モノレールを導入

　名鉄は名岐鉄道時代に、下呂温泉への観光客輸送を開始。犬山線を経由して新鵜沼〜国鉄鵜沼間に連絡線を敷設し、列車を直通した。1932年には客室の半分を畳敷きとした電車を高山本線の列車に併結し、また、1940年には高山本線の客車が名岐鉄道線に乗り入れ、電車牽引で押切町駅まで直通した。1965年には準急「たかやま」を神宮前〜高山間で運行し、名鉄は新造のキハ8000系気動車を投入した。この直通列車は後に急行、特急と格上げされた。

　名古屋近郊の城下町である犬山の観光開発を行っていた名鉄は、ホテル・遊園地の建設を行い、1951年には成田山新勝寺の別院建立にも携わった。また、世界サル類動物園の開園が予定されたことから、アクセスとして1962年に日本初の跨座式モノレールを導入。このモンキーパーク・モノレール線は、1964年開業の東京モノレールのモデルになったが、2008年に廃止されている。1965年には明治建築の移築・保存構想を目的に、博物館明治村が開村した。

　新名古屋駅ビル建設は戦前からの懸案で、戦中戦後は資材不足からまず基礎工事だけ済ませ、戦後の混乱が収まった頃に工事に着手。1954年11月に地上4階・地下3階の駅ビルが完成し、翌月、名鉄百貨店がオープンした。

| 用語解説 | 下呂温泉 [げろおんせん] | 兵庫県の有馬温泉、群馬県の草津温泉とともに、日本三名泉に讃えられる著名な温泉。岐阜県下呂市に所在し、約1000年の歴史がある。名古屋から比較的近く、JR名古屋駅から直通特急も運行されている。温泉街の最寄り駅はJR高山本線下呂駅。 |

# 1974-1993
# 新線開業ラッシュから合理化対策へと歩む

日本の高度経済成長期が終わり、石油危機から内需拡大策へ転換していたこの頃、名鉄では新線の開業が続いていた。それが一段落すると、一転して経営合理化策が進められ、システムの改良、機械化が実施された。閑散線区では電車から気動車への切り換え、さらに廃止されるところも出てきた。

## 瀬戸線が都心部に直通

　瀬戸線は瀬戸電気鉄道を前身とし、ほかの名鉄線とは接していない独立路線である。瀬戸で産出した陶器を堀川へ運び、舟運で全国に輸送する形態をとっていたため、堀川〜東大手間では名古屋城の堀の中に線路が敷設され、名古屋市内にありながら一ローカル線に甘んじていた。1970年代になり、瀬戸線沿線が住宅地として発展すると都心への乗り入れが望まれ、1978年に名古屋市営地下鉄栄駅に直結する栄町駅への延伸が実現した。これに合わせて瀬戸線の電圧を600Vから1500Vに昇圧し、同時に貨物営業が廃止された。

　三河地区では1979年に豊田線梅坪〜赤池間が開業し、市営地下鉄鶴舞線と相互直通運転を開始した。また、知多半島のリゾートおよび宅地開発に向けて、1980年までに知多新線が開業、さらに1982年、東海道新幹線岐阜羽島駅にアクセスし、岐阜方面と結ぶ羽島線が開業した。

　このように新規開業が続いたが、戦前に地方の小私鉄を合併したことから、赤字ローカル線を抱えていた。さらに中京地区の中核経済が自動車産業で、名古屋都心の道路が広いこと、都市が比較的点在していたことから、早くからマイカーが各家庭に普及し、都市間・都市圏輸送とローカル輸送の収益差は名鉄の悩みの種だった。このため合理化策が進められた。

昇圧前の瀬戸線を走る2代目3700系。瀬戸線初の全鋼製車として1973年に本線系から導入された。昇圧時に使用を停止したが、機器を再昇圧のうえ本線系に復帰した。写真/児島眞雄

## 廃止を伴う合理化策の進展

　1975年には美濃町線の急行が廃止され、1984年に東名古屋港駅を除く全線の貨物営業を廃止。さらに同年、八百津線を電車からレールバスへの切り換えも実施した。コスト削減のための電気運転から気動車への切り換えはその後も続き、1985年には三河線猿投〜西中金間、1990年には三河線碧南〜吉良吉田間で実施された。また、ワンマン運転化、駅集中管理システムを導入しての無人化などを行った。

　しかし気動車運行も功を奏さず、名鉄は1997年に不採算路線の整理・統廃合を表明し、八百津線・谷汲線・揖斐線黒野〜本揖斐間は2001年に、三河線猿投〜西中金間・碧南〜吉良吉田間は2004年に、岐阜市内線・美濃町線・田神線・揖斐線は2005年に廃止された。また、2001年に特急「北アルプス」を廃止し、JR高山本線への直通列車が終了した。

　合理化策の一環としては、1959年に初めて単能式券売機を、1969年には新名古屋駅にコンピュータで処理する自動券売機群管理システムを導入した。また、1959年には国産第1号のマルチプルタイタンパーを導入し、保線作業の効率化を図った。

　明るい話題としては、新名古屋駅の全面改装工事が1987年に完成。1989年にはJR・市営地下鉄と共通使用する金山駅が完成し、利便性が大幅に向上した。

急行の標識板を掲出して岐阜市内を走るモ510形。赤白ツートンカラーに塗装された車両は、揖斐線へ直通する。写真／児島眞雄

国鉄高山本線に乗り入れたキハ8000系。車両の機器構成は国鉄キハ58系に準じていた。写真／児島眞雄

### 用語解説　特急「北アルプス」［とっきゅう「きたあるぷす」］

戦前から続く高山本線直通列車のひとつ。後年、名鉄はJRキハ85系と同等の性能を有するキハ8500系気動車を導入。多客期には高山本線内でJRの特急「ひだ」と併結したが、需要が低迷し2001年9月限りで廃止された。これに伴い名鉄の高山本線直通列車も69年間で終了した。

## 》》》 1994-
## 中部国際空港アクセスを担い、新しい看板列車も誕生

昭和の終わりから平成の初めにかけては、明るい話題が少なかった名鉄だが、2005年に常滑沖に中部国際空港が開港すると、空港アクセス鉄道を名鉄が担い、名古屋本線・犬山線などから直通特急が運行されるようになった。また、ICカード乗車券「manaca」のサービスが始まったのもこのころだ。

## 新しい特急専用車が誕生

　1980年代〜1990年代にかけて日本は空前の好景気、いわゆる「バブル経済」に突入した。1984年に8800系「パノラマDX（デラックス）」が観光列車として、さらに1989年に7000系の後継となる1000系「パノラマsuper（スーパー）」が運行を開始した。きめ細かくソフトなサービスを提供するとして、1983年から特急車のサービス係に女性の「パノラマメイツ」を配属した。続いて1986年には新採用の女性駅務掛「フレッシュメイツ」も登場した。「パノラマメイツ」「フレッシュメイツ」とも、現在は呼称がなくなっているが、駅員・車掌・運転士にも女性は進出している。また、1999年には「座席指定料金」を「特別車両料金」、「座席指定席券」を「特別車両券（ミューチケット）」と改称した。

　7000系パノラマカーは1000系の増備が進むと徐々に特急から急行・普通運用に格下げされた。そして、2009年8月30日をもって引退、名鉄を代表する名車のさよなら運転には多くの鉄道ファンが詰めかけ、別れを惜しんだ。

観光特急としての役目を帯びていた8800系「パノラマDX」。ハイデッカータイプの前面展望席は、日本初の試みだった。写真/丹羽信男

特急車のサービス係にソフトできめ細かなサービスを提供する女性を配属し、「パノラマメイツ」と名付けた。

名古屋都心部との接続がよくなかった小牧線だが、2003年に第三セクターの上飯田連絡線が平安通〜味鋺間を開業し、平安通〜上飯田間は名古屋市営地下鉄上飯田線、上飯田〜味鋺間は名鉄小牧線として直通運転が始まり、都心への利便性が高まった。

## 中部国際空港の開港に伴い、輸送体系を再編

2005年の「愛・地球博」（愛知万博）開催に合わせて、常滑沖に中部国際空港が開港した。名鉄は空港へアクセスする唯一の鉄道として、常滑線を延伸する形で空港線常滑〜中部国際空港間を開業、空港連絡特急として全車特別編成の2000系「ミュースカイ」を投入した。同時に新しい列車種別「快速特急」を設定し、さらに新名古屋・新岐阜・新一宮の各駅をそれぞれ名鉄名古屋・名鉄岐阜・名鉄一宮に改称した。「ミュースカイ」の愛称は後にそのまま列車種別となり、現在、名鉄の列車種別はミュースカイ・快速特急・特急・快速急行・急行・準急・普通の7本立てである。さらに2006年には「ミュースカイ」以外の全特急に一般車を併結する特急政策の見直しを実施した。

2011年には名鉄・名鉄バス・名古屋市交通局など愛知県・岐阜県の公共交通機関が参加する非接触式ICカード乗車券「manaca」のサービスを開始、2013

年には全国10の交通系ICカードとの相互利用サービスが始まった。

令和に入り、3300系・3150系の後継として9500系・9100系が登場した。全車両に優先座席とフリースペースを設置、名鉄初の車内防犯カメラを備えるなど、意欲的な通勤車となっている。

中部国際空港アクセス専用で活躍する2000系「ミュースカイ」。「パノラマカー」、「パノラマsuper」に続く名鉄を代表する車両に成長した。

## 用語解説

### manaca
[まなか]

交通系ICカード乗車券の一種で、名鉄、名古屋市交通局、名古屋臨海高速鉄道、名古屋ガイドウェイバス、豊橋鉄道、愛知高速交通、名鉄バスで使用できる。記名式・無記名式があり、乗車ごとに貯まるマイレージポイントが付き、貯まったポイントは券売機などで還元することにより、鉄道・バスに乗車できる。

# 名鉄中興の祖、土川元夫

## 地方の一鉄道会社を、大手私鉄へ成長させた

名鉄中興の祖と言える土川元夫。1961年に社長へ就任し、1971年に会長、1974年、会長在任のまま、70歳で死去した。

土川が開発を推進した7000系パノラマカーの第1編成は、両先頭車が舞木検査場内で静態保存されている。

7000系のデザインが決まり、日本車輌で木枠による実物大モデルが造られた。

　名鉄の歴史を語る上で、土川元夫（1903〜1974）は外せない。愛知県に生まれ、1928年に旧名古屋鉄道（後の名岐鉄道）へ入社した。戦時中に中京地区の鉄道会社が合併し、今の名鉄が成立した頃、土川は閑職に追いやられていた。この頃の経験から労務管理の重要性に気付き、1961年の社長就任後は「成果主義」「労使協調」の経営方針を打ち出し、社員の信頼を得ていった。また、赤字に悩む地方鉄道・バス会社に人材を派遣して立て直しを手助けすることもしばしばで、土川の社長時代に名鉄グループの傘下に入った主な交通事業者として北陸鉄道、大井川鐵道、宮城交通、網走バスなどが挙げられる。

　副社長時代に7000系「パノラマカー」の誕生を指揮したことは特筆されよう。さらに百貨店経営、文化事業にも力を注ぎ、名古屋駅ビルに名鉄百貨店の開店、博物館明治村の設立、京都大学霊長類研究所（日本モンキーパークに併設）の誘致、杉本美術館の設立など、観光資源の創出と観光客の誘致を積極的に進めた。名鉄を全国区へ躍進させた中興の祖と言える存在だ。

　博物館明治村に移築されている第四高等学校物理化学教室の一角には、土川の功績をたたえて「土川元夫顕彰室」が設けられ、遺品などが展示保存されている。

# CHAPTER 6 第6章

# 名古屋鉄道の
# 魅力がもっとわかる

愛知・岐阜両県に私鉄第3位の営業キロ数を誇る名古屋鉄道は、その傘下に多くの企業を抱えている。それは交通事業のみならず、不動産事業やレジャー・サービス事業など多岐にわたっている。それが名鉄の沿線エリアの魅力向上につながり、人々の住みやすい豊かな暮らしを応援している。

# 鉄道遺産も数多く収蔵する 博物館明治村

愛知県犬山市にある「博物館明治村」は、名鉄が創設に関わった野外博物館である。飛鳥・奈良時代と並んで日本の文化史上、極めて重要な位置を占める明治時代をコンセプトに、貴重な建造物や車両などを保存・展示する。村内には重要文化財が14件展示されており、登録有形文化財も数多い。

## 明治時代を舞台にしたドラマのロケも多い

名電1号形は名鉄の前身、名古屋電気鉄道が開業時から運用した車両で、1918年に札幌市電へ24両が譲渡され、1936年頃まで活躍した。この車両は名鉄創業120周年および明治村開村50周年記念事業の一環として、札幌市交通局から借り受けたもの。

　明治期の建造物は、江戸時代から継承した木造建築の伝統と蓄積の上に、欧米の様式・技術・材料を取り入れた洋風建築が花開いた。石造り・レンガ造りに続いて、産業革命の進展もあり資材には鉄・セメント・ガラスが用いられた。しかし、戦争や震災、戦後は急速な経済発展でその多くが失われ、歴史的価値のあるものが少なくなっていた。これを憂えた谷口吉郎（博物館明治村初代館長）が、旧制第四高等学校の同窓生だった土川元夫（元・名古屋鉄道株式会社会長）とともに協力して、犬山の地に博物館明治村が創設された。

　1965年に開村した明治村は、現在、約100万㎡の敷地に重要文化財14件のほか、愛知県有形文化財、機械遺産、化学遺産、近代化産業遺産群、そして鉄道

| ●明治村の重要文化財 | |
|---|---|
| 名称 | 建築（製造）年 |
| 聖ヨハネ教会堂 | 1907 |
| 西郷従道邸 | 1877 |
| 東山梨郡役所 | 1885 |
| 札幌電話交換局 | 1898 |
| 菅島燈台附属官舎 | 1873 |
| 西園寺公望別邸「坐漁荘」 | 1920 |
| 品川燈台 | 1870 |
| 三重県庁舎 | 1879 |
| 東松家住宅 | 1901 |
| 呉服座 | 1892 |
| 宇治山田郵便局舎 | 1909 |
| リング精紡機 | 1893 |
| 菊花御紋章付平削盤 | 1879 |
| ゐのくち渦巻ポンプ | 1912 |

記念物といった、貴重であるだけでなく、資料的価値の高いものを、建造物に限らず展示・保存している。

　すべてが明治期の建物というわけではないが、そのレトロな街並みから、テレビドラマや映画のロケに使われることが多い。明治・大正時代を舞台にしたNHK朝の連続テレビ小説では、明治村で撮影されたシーンがよく見受けられる。

## 鉄道遺産も多く、SLや路面電車の動態保存も

　鉄道は明治期に日本を変えた産業のひとつで、明治村にも収蔵されている。蒸気機関車12号は日本の鉄道開業の2年後の1874年にイギリスから輸入され、新橋〜横浜間を走った車両だ。1911年に名鉄尾西線の前身、尾西鉄道に払い下げられ、名鉄と合併後も運用された。蒸気機関車9号は1912年にアメリカから輸入され、富士身延鉄道（現・JR身延線）〜日本鋼管鶴見製鉄所（現・JFEエンジニアリング鶴見製作所）を経て、明治村に譲渡された。この2両は動態保存車で、明治・大正時代に製造された3等客車を牽引して、村内を運行する。

　また、1895年に営業を開始した京都市電の路面電車（1910年頃製造）も動態保存されている。ポール集電、前面の救助網（スカート）など、草創期の市内電車の姿を今に伝えている。さらに名鉄の前身、名古屋電気鉄道開業時の車両「名電1号形」が譲渡先の札幌市交通局から里帰りし、2014年から展示されている。

尾西線の前身、尾西鉄道が開業時にアメリカのブルックス社から購入した1号蒸気機関車（1897年製造）は静態保存機である。

　動態保存車ではないが、鉄道局新橋工場の建屋の中に収納されている昭憲皇太后御料車（5号御料車）、明治天皇御料車（6号御料車）は必見。御料車のために施された装飾は、日本の伝統的な工芸技術の粋を集めたもの。この2両の御料車は鉄道記念物に指定されている。

　このほか鉄道寮新橋工場、六郷川鉄橋、名鉄岩倉変電所など、鉄道関係の建造物・資料も多く収蔵されている。

---

**用語解説**

**六郷川鉄橋**
[ろくごうがわてっきょう]

1877年に複線化工事にあわせて多摩川に架けられた、日本初の鉄製トラス橋。多摩川の橋梁としては2代目で、1912年に3代目に架け替えられ、2代目は単線用に改造されて御殿場線の酒匂川橋梁に転用された。橋の上で機関車が脱線しても壊れないほど頑丈だった。

# インターネットを使った便利なサービス

1980年代後半にインターネットの商用利用が始まり、21世紀には全世界的にインターネットが普及した。名鉄がインターネットを利用して情報提供を行ったのは鉄道事業者の中でも早く、現在はWEBサイトにとどまらず、スマートフォンアプリ、メール配信サービスなどに広がっている。

## PC・スマートフォン向けにWEBを開設

　いまやインターネットを利用した情報提供サービスは、企業活動において不可欠なもので、名鉄ではパソコン向けの「名鉄ホームページ」を開設している。ここでは列車の発車時刻、運賃検索、観光案内、現役車両の紹介、ニュースリリースなどの情報を提供し、名鉄グループ各社のホームページへとリンクする一覧も掲載する。またインバウンド需要に対して日本語のほか、英語、中国語（簡体字・繁体字）、韓国語、タイ語での情報提供を行う。

　令和になって、新しいサービスが始まった。特別車両券（ミューチケット）が予約できる「名鉄ネット予約サービス」が2019年5月18日にスタートした。乗車日・乗車区間・座席の変更は2回まで無手数料で可能。支払いはクレジットカードのみだが、駅に行かなくても乗車日の1カ月前（前の月と同じ日）から乗車時刻の1分前まで購入できる。

名鉄は鉄道事業者として比較的早い時期にポータルサイトを開設した。

「名鉄ネット予約サービス」では、画面を見ながら特別車両券を購入できる。

## エリア版 MaaS アプリ「CentX」のサービスを開始

　スマートフォンのアプリとして「名鉄Touch」が提供されていたが、2022年3月26日にエリア広域のデジタルプラットフォームとして、大幅にリニューアルした「CentX（セントエックス）」がリリースされた。中部圏において沿線地域のさまざまな交通・生活・観光サービスをシームレスでストレスフリーにつなぐことにより、地域の人々の「お出かけ」に役立つ便利な情報を提供するものだ。

　従来の「名鉄Touch」の機能をすべて継承した「CentX」は、さらに愛知・岐阜・三重の各県の定時定路線の公共交通機関やタクシー、カーシェア、シェアサイクルなどを組み合わせた最適な移動手段を案内する「地点検索・マルチモーダルルート検索」、特別車両券の予約・購入ができる「名鉄ネット予約サービス」が利用できるほか、直接タクシーを配車することも可能。

　さらに鉄道などの移動と観光がセットになったチケットや、バス・船舶などで利用可能なフリーきっぷ、入園券などがキャッシュレスで購入できる「CentX webチケット」の機能がある。

　レストランやお出かけスポットのイベント情報が地図上で探すことができるほか、よく使う駅・バス停を登録する「マイ駅・マイバス停」の機能を使えば、日常生活で利用の機会が増えるだろう。

名鉄独自のスマートフォンアプリ「名鉄Touch」を発展して誕生した「CentX」の画面サンプル。複数の交通機関から最適な移動手段を選択できる。

---

### 用語解説　クレジットカード

商品購入、利用代金の支払いの際に後払い決済をする手段のひとつで、利用者の会員番号、姓名、有効期限、その他が記載・記録されたカードでもある。顧客のクレジット（信用）により後払いが可能なことから、「クレジットカード」の名が付いた。19世紀後半に米国で誕生し、日本では1961年から利用が始まった。

# 名鉄で営業を開始した 日本初の跨座式モノレール

名鉄グループの遊園地「日本モンキーパーク」と、犬山線を結ぶモノレールがかつて存在した。1962年に開業し、以来、多くの乗客を遊園地や犬山の名刹・成田山への参詣に輸送してきた。このモノレールは日本初の跨座式で、その経験は東京モノレール羽田線に活かされている。

## 遊具のようだが、れっきとした鉄道車両

　犬山モノレールは、正式名称を「モンキーパーク・モノレール線」と称し、犬山遊園〜動物園間1.2kmで、途中に成田山駅があった。犬山遊園駅で犬山線と接続し、成田山駅は成田山名古屋別院大聖寺の最寄り駅、動物園駅はモンキーパークの敷地内に置かれていた。このため、モンキーパークへの観光客だけでなく、年末年始には成田山への参詣客の利用があった。

　車両は先頭車がMRM100形、中間車がMRM200形の3両編成。客室は向かい合わせの固定クロスシートで、子どもサイズに合わせた2＋3人掛けのため、中央の通路の両側で座席の幅が異なる。連接構造で連結面に妻面はなく、車輪は前頭部と連結部に配置されて車内に大きく張り出していた。運転席はパイプで仕切られているだけなので、モノレールの高架桁からの前面展望を楽しむことができた。

　制御方式は電動カム軸式抵抗制御、主電動機は出力70

開業当時のモノレール線。ここでのノウハウがのちに東京モノレールに活かされた。

モノレール線には2編成が所属した。晩年は各編成に、モンキーパークのサルたちがラッピングされた。

kWで、名鉄の普通鉄道線と同じく直流1,500Vを外部から取り入れていた。2本が在籍し、通常は1本が線内を往復運行したが、多客期には2本連結の6両編成での運行も行われた。

## 東京モノレールに影響を与えた犬山モノレール

モノレールの運行方式は大別して跨座式と懸垂式がある。懸垂式は軌道桁にぶら下がる方式で、上野動物園モノレール（東京都交通局が営業、2019年11月から運行休止）・千葉都市モノレール・湘南モノレールが該当する。犬山モノレールは跨座式で、東京モノレール・大阪高速鉄道（大阪モノレール）などと同じタイプだが、構造の関係でいくつか種類がある。

犬山モノレールはゴムタイヤの車両がコンクリート軌道にまたがって走る日立アルウェーグ式。名鉄と同じく大手私鉄が保有した小田急電鉄向ヶ丘遊園モノレール線は、鉄車輪が鉄軌道を走るロッキード式を採用した。また、多摩都市モノレールは運輸省（現・国土交通省）が「都市交通に適したモノレール」として、日本モノレール協会に開発を委託した日本跨座式である。

ゴムタイヤ式のメリットは車輪の摩擦係数が高く、連続する急勾配も苦にしないこと、騒音が少ないことなどが挙げられる。デメリットは車体全体をゴムタイヤで支えなければならず、タイヤが大きくなり、車内に出っ張りが発生することなどである。犬山モノレールで得た日立アルウェーグ式の実績は、1964年に開業した東京モノレールに活かされた。名鉄は1963年1月から1965年12月まで東京モノレールの経営にも参画し、運転士の養成も犬山モノレールで行われた。

犬山モノレールは車両・インフラの老朽化と利用者の減少を理由に、2008年12月に廃止された。旧動物園駅には、モノレール車両が静態保存されている。

モノレールの運転台。中央に配置され、客席からも前面展望が楽しめる構造になっている。

---

**用語解説　成田山名古屋別院**
[なりたさんなごやべついん]

千葉県の成田山新勝寺の別院で、名古屋周辺の信徒が千葉まで参拝するのは困難と、1936年に別院建立のための奉賛会が結成され、戦後の1953年に創建した。その際名鉄グループが中心となり寄進した。この縁から、名鉄の電車・バスに成田山名古屋別院で交通安全を祈願したお守りが据え付けられている。

# MEITETSU 74

## 》》》 1世帯に1.4台は自家用車を保有
## 》》》 クルマ社会との競合から協調へ

愛知・岐阜・三重の3県はJR・名鉄・近鉄が路線を延ばし、名古屋・岐阜からは新幹線が東京と大阪へ直通する交通至便な土地柄であるが、その反面、自家用自動車の普及率が高く、長らく鉄道vs自家用車の様相を呈していた。しかし近年、競合から協調へ流れが変わってきている。

名鉄グループの駐車場ではICカード乗車券「manaca」での支払いも可能だ。

市の中心部を貫く久屋大通のように、名古屋は戦災から復旧する際に広い道路をまず造った。このため自動車が普及しやすく、鉄道の厳しい競合相手になっている。

## クルマ社会の東海3県

　自動車検査登録情報協会によると2021年3月末、軽自動車を含む都道府県別の自家用乗車の普及状況は、1世帯あたりで愛知県が1.248台、岐阜県で1.553台、三重県で1.443台、平均すると1.415台である。これは同じ統計において全国平均1.037台を大きく上回る数字で、東海3県の自家用車普及率は全国的にも高いことが見てとれる。

　また、太平洋戦争で壊滅的な打撃を受けた名古屋市は、戦後すぐに「100m道路」と称されるような広い道路を整備したことから、クルマ社会になる土壌が整っていた。1968年には東名高速道路岡崎IC〜小牧IC間が開通し、中部地方にも高速道路の時代がやってきた。その後も伊勢湾岸自動車道・新東名高速道路、都市高速道路の名古屋高速道路などが開通し、ますますクルマ社会への偏重が進んでいった。

　さらに中京工業地帯を構成する工場は都市部に集中するのではなく、濃尾平野の肥沃な土地を有する農業県、愛知県のあちこちに点在し、住宅地から職場への

通勤にはクルマが便利になっている。近年は郊外に大規模なロードサイドショップが建ち、日常の買い物にもクルマを使用することが増えている。

　名鉄とJRは豊橋～名古屋～岐阜間でライバル関係にあるが、高速道路との競合も加わり、いかに利用者を増やすか、シェア争いは熾烈になっていた。

## 平成以降は協調へ、パーク＆ライドも推進

　このように中部地方では自家用自動車の利用が多く、通勤時間帯の道路渋滞が激しい地区が生じていた。さらに地球温暖化対策としての排気ガス、クルマが発生する騒音などが環境保全上、やり玉に挙がりはじめた。名鉄では鉄道利用を増やしながら地域の環境を守る観点から、平成に入り各駅周辺に駐車場を整備し、パーク＆ライドを積極的に進めている。

　駐車場を運営・管理するのはグループ会社の名鉄協商で、一例を挙げると、名古屋本線国府宮駅には駅に直結した約360台収容の立体駐車場を整備し、交通系ICカード「manaca」での精算も可能としている。そしてmanacaでの精算によりポイントが貯まるほか、一部駐車場では列車の乗車履歴により駐車料金が割引となるサービスも実施されている。

　また、カーシェアリング、シェアサイクルを積極的に使うことも、エコにつながっているといえよう。名鉄協商のカーシェアリング「カリテコ」は、自動車の総台数を減少させる効果があり、ハイブリッド車や低燃費車など環境にやさしいクルマを導入することで、環境効果が高まる。シェアサイクル「カリテコバイク」ならばさらに環境にやさしく、渋滞緩和にも貢献する。

名鉄グループの豊橋鉄道では、市内線を豊橋駅まで延ばしたほか、軌道敷に芝を植えて夏期の猛暑対策を講じ、路面電車の利便性向上や環境対策に取り組んでいる。

### 用語解説　パーク＆ライド

自宅からクルマで最寄りの駅やバス停まで行き、クルマを駐車場に置き、公共交通機関を利用して都心部の目的地へ向かうシステム。道路交通の激しい都心部での渋滞および排気ガスの減少、違法駐車の削減に効果が期待されている。日本では自治体や鉄道事業者が主導するケースが多い。

# パノラマカーも健在
# 名鉄のNゲージ鉄道模型

名古屋鉄道のNゲージ鉄道模型はトミーテック、マイクロエース、グリーンマックスの3社が完成品モデルを発売している。名車の誉れ高い7000系パノラマカーから2000系「ミュースカイ」、日常的に運行されている通勤車、さらに大手私鉄では珍しい電気機関車がラインナップされている。

## 美しい特急型車両の鉄道模型

「TOMIX」のブランドでおもにNゲージ模型を発売するトミーテックは、7000系パノラマカーを第45編成（スカーレット1色）と第47編成（白帯車）の4両セットを用意している。さらにキハ8200系5両セットが、1976年に特急へ格上げされた塗装で発売中だ。

トミーテックの7000系パノラマカー白帯車は、電動方向幕の行先表示板を装備した姿を再現。名古屋鉄道株式会社商品化許諾済　©TOMYTEC

マイクロエースは「いもむし」の愛称で親しまれた3400系をストロークリーム・スカーレット（以上、4両セット）、グリーン2両セットの各色で用意。「大衆冷房車」と呼ばれた5500系は登場時カラーが基本4両セットと増結2両セット、特別整備後のスカーレット塗装の基本4両セットと増結2両セット、高運転台に改造された姿を再現した4両セット、最晩年にダークマルーン＋ライ

マイクロエースの名鉄のNゲージ模型は懐かしい車両も多い。（左）手前がキハ8500系、奥が3400系グリーン塗装。（右）手前が5500系登場時カラー、奥がキハ8000系旧塗装。写真提供／マイクロエース

トピンク、ストロークリーム＋赤帯、スカーレット＋白帯に復元された姿を再現した6両編成と、バリエーションが豊富だ。6000系も中期車・登場時6両セット、瀬戸線4両セット、三河線ワンマン車2両セットなど、種類が豊富。

気動車は、キハ8000系を準急「たかやま」5両セット、急行「北アルプス」旧塗装、・特急「北アルプス」（以上、6両セット）、特急「北アルプス」晩年3両セット、キハ8500系5両セットが用意されている。

## 電気機関車＋電車の回送列車セットも

名鉄のNゲージ模型の種類が最も多いのがグリーンマックスである。特急車は2000系、2200系、1000系、1600系、7700系など、通勤車は6500系、3100系1・2・3次車、3500系、6800系、6000系、5300系などが、基本編成と増結編成に分けられてラインナップ。さらに2020年に運行された2000系「エヴァンゲリオン特別仕様ミュースカイ」、1994年の名鉄創業100周年を記念した1000系「ブルーライナー」、2006年から運行された3300系「エコムーブトレイン」（モデルは2014年版)のラッピング車も用意されている。

名鉄の電気機関車EL120形の模型があるのも、グリーンマックスの素晴らしいところ。1両のみ、動力車同士の2両、動力なし同士の2両、さらに1700系の回送列車を再現したセットもラインナップされている。

「ミュースカイ」2000系は改造編成の2007編成・2008編成、新造編成の2011編成・2012編成を用意。写真提供／グリーンマックス

最新型車両9500系は基本4両編成（動力付き）、増結4両編成（動力なし)をラインナップ。写真提供／グリーンマックス

用語解説　ブルーライナー

名古屋鉄道創業100周年を記念して1994年7月26日〜97年10月11日、1000系1007編成に採用したラッピング車。一般公募により青色と白色を基調に、海や陸の生き物、沿線の建造物などのイメージが描かれた。同時期に岐阜市内線・揖斐線のモ700形772編成も同様のデザインとなり「ブルーライナー・ミニ」として運行された。

# お得な割引きっぷで名鉄電車を楽しもう

## 特別車にも乗車できることも

名鉄のお得な割引きっぷとして「まる乗り1DAYフリーきっぷ」（大人3,200円、小人半額）と、「名鉄電車2DAYフリーきっぷ」（大人4,000円、小人半額）が用意されている。いずれも全線乗り放題で、特別車に乗車する場合は別途指定券が必要。しかし、「1DAY」なら10〜16時に限り特別車（座席の指定はできない）も乗り放題になる。

豊橋〜名鉄岐阜間の片道運賃は1,500円。1往復して、もう1回乗車すれば「1DAY」の元は取れ、「2DAY」でも1.5往復すれば元が取れる。乗れば乗るほどお得なきっぷだ。

回数券タイプは「なごや特割30」が目を引く。豊橋・東岡崎・新安城・名鉄一宮・新木曽川・名鉄岐阜・知多半田〜青山間・知多武豊から名鉄名古屋・金山間の片道乗車券30枚をセットしたもので、グループで同時利用も可能だ。

往復割引乗車券に相当するものが「なごや特割2平日／土休日」。豊橋〜金山・名鉄名古屋間の片道乗車券2枚をセットしたもので、片道2人分、往復1人分としても利用できる。

往復で平日2割引、休日3割引になる「なごや特割2」は豊橋駅の自動券売機でも購入できる。

一部の係員配置駅の窓口で発売されるフリーきっぷ。裏面に磁気が塗布され、自動改札機が利用できる。

国宝犬山城の城下町散策にも、「まる乗り1DAYフリーきっぷ」「名鉄電車2DAYフリーきっぷ」はたいへん便利。

## 参考文献

**名古屋鉄道　発行**
　　名鉄グループ統合報告書2022（2022年）、名鉄ハンドブック2019（2019年）、名古屋鉄道百年史（1994年）、
　　写真が語る名鉄80年（1975年）、名古屋鉄道社史（1961年）、名鉄グループ各社ウェブサイト
**一般刊行物等**
　　名古屋鉄道車両史（上・下巻）（清水 武・田中義人／アルファベータブックス／2019年）、名古屋鉄道 1世紀の記録（清水
　　武・田中義人／同／2016年）、名古屋鉄道120周年DVD BOOK（メディアックス／2014年）、名古屋鉄道完全データDV
　　D BOOK（同／2011年）、戦後を走った車両たち 名古屋鉄道編（渡利正彦／岐阜新聞社／2004年）、三河を走って85年（神
　　谷 力／郷土出版社／2000年）、尾西線の100年（清水 武・神田年浩／同／1999年）、名鉄（吉川文夫／山と溪谷社／1982年）、
　　名鉄（白井 昭・白井良和／保育社／1981年）、鉄道ファン誌 各号（交友社）、鉄道ピクトリアル誌 各号（電気車研究会）、
　　鉄道ジャーナル誌 各号（鉄道ジャーナル社）、各省庁・自治体・研究機関・学術誌ウェブサイト　　ほか

## STAFF

| 編　　　　　集 | 林 要介（「旅と鉄道」編集部） |
| --- | --- |
| 編　集　協　力 | 平賀尉哲 |
| 執　　　　　筆 | 平賀尉哲（第1章・第5章・第6章）、杉浦 誠（第2章・第3章）、小寺幹久（第3章・第4章） |
| デザイン・図版作成 | 宗方健之助・磯辺健一（スパロウ） |
| カ バ ー イ ラ ス ト | 江口明男 |
| 地　図　作　成 | ジェオ |
| 写真・資料協力 | 名古屋鉄道株式会社、中日本航空株式会社、博物館明治村、足立健一、児島眞雄、澁谷芳樹、<br>杉浦 誠、長尾 浩、丹羽信男、辻阪昭浩、リトルジャパンモデルス（LJM）、株式会社トミーテック、<br>株式会社グリーンマックス、株式会社マイクロエース、PIXTA、Photo Library |

※本書の内容は2022年12月1日現在のものです。
※本書の内容等について、名古屋鉄道およびグループ各社等へのお問い合わせはご遠慮ください。

鉄道まるわかり008
# 名古屋鉄道のすべて　改訂版

2023年 1 月26日　初版第1刷発行

| 編　者 | 「旅と鉄道」編集部 |
| --- | --- |
| 発行人 | 勝峰富雄 |
| 発　行 | 株式会社天夢人<br>〒101-0051　東京都千代田区神田神保町1-105<br>https://www.temjin-g.co.jp/ |
| 発　売 | 株式会社山と溪谷社<br>〒101-0051　東京都千代田区神田神保町1-105 |
| 印刷・製本 | 大日本印刷株式会社 |

◎内容に関するお問合せ先
　「旅と鉄道」編集部　info@temjin-g.co.jp　電話03-6837-4680
◎乱丁・落丁に関するお問合せ先
　山と溪谷社カスタマーセンター
　service@yamakei.co.jp
◎書店・取次様からのご注文先
　山と溪谷社受注センター
　電話048-458-3455　FAX048-421-0513
◎書店・取次様からのご注文以外のお問い合わせ先
　eigyo@yamakei.co.jp